Anonymous

Der Nebel von Chlum

Darstellung des Feldzuges 1866

Anonymous

Der Nebel von Chlum
Darstellung des Feldzuges 1866

ISBN/EAN: 9783742837905

Hergestellt in Europa, USA, Kanada, Australien, Japan

Cover: Foto ©ninafisch / pixelio.de

Anonymous

Der Nebel von Chlum

Der

"Nebel von Chlum."

Militärischer Beitrag

als

Schlaglicht auf die officielle öster. sowie preussische

Darstellung des Feldzuges

Von

Einem der Nord-Armee.

Prag.
Verlag von A. G. Steinhauser.
1867.

Inhalt:

Vorrede V—XI.	Seite.
Einleitung	1
Beschreibung des Schlachtfeldes	16
Zur Stimmung in der Armee am Vorabende der Schlacht	33
Die Schlacht	43
Rückzug der Nord-Armee	62

Vorwort.

Noch immer schwebt ein geheimnißvolles Dunkel über den wahren Ursachen der für Oesterreich so unheilvollen Niederlage von Königgrätz. — der Volksmund bezeichnet diese, noch durch keine officiellen Darstellungen gelüfteten Schleier mit dem treffenden Bonmot: „Der Nebel von Chlum;" denn bekannterweise hat der öster. Feldherr den üblen Ausgang der Schlacht, in einem nach Wien gerichteten Telegramm, diesem Nebel zugeschrieben. Weder das österr. noch das preußische kriegsgeschichtliche Bureau hat bis jetzt über den jüngsten Feldzug in Böhmen berichtet; es scheint, daß man österr. Seits Anstand nimmt, die Fehler und Ungereimtheiten aller Art öffentlich einzugestehen, welche direkt die Niederlage herbeigeführt haben, und die

Preußen haben aus eben dieser Ursache Grund zum Schweigen, weil diese Thatsache den Glanz ihres so wohlfeil errungenen Sieges von Sadova, nur zu verdunkeln geeignet ist, und den Nymbus ihrer Unbezwinglichkeit auf ein bescheidenes Maß herabdrückt.

Man hat den Feldzeugmeister Benedek für alle Unfälle der Nord=Armee zum Sündenbock gemacht, und ihn summarisch der Imbecillität geziehen, um ihn dann folgerichtig begnadigen zu können; — wir wissen nicht, in wie ferne man ihm die taktischen Fehler und Unterlassungssünden seiner unterstehenden Generäle, in die Schuhe schieben kann, — vielleicht nur deßhalb, weil er sich in einer unzeitigen Anwandlung von Großmuth als den allein Schuldigen bekannte, jedenfalls aber ist er der allein verantwortliche Autor der Schlacht vom 3. Juli und die darin begangenen taktischen Anomalien fallen ihm ebenso zur Last, als die strategische Impotenz, welche den ominösen Flankenmarsch an die obere Elbe entworfen hat, und dann zögerte die Früchte desselben, welche dem österr. Hauptquartier so zu sagen in den Schooß fielen, mit Entschlossenheit aufzulesen; — anstatt dessen wurden 2 Tage in Rath und Thatlosigkeit in der famosen Stellung bei Josefstadt — Daubrawitz zugebracht und wegen Mangel an besseren

Einfällen, der Rückzug nach Königgrätz beschlossen und
ausgeführt. — Obschon der Chef des Generalstabes
sowohl, als jener der Operations-Kanzlei ihre negativen
Schärfleins bei der Aushegung jenes Operationsplanes
beigetragen haben mögen, kann man bei der Beurthei=
lung desselben sich doch nur an den Chef der Armee
halten, welcher mit dem Commando auch die Verantwort=
lichkeit für alle operativen Maßregeln zu übernehmen
pflegt; wahrscheinlich wird es mit der ehemaligen Um=
gebung eines Melas und Mack auch seine Hacken
gehabt haben, nichts destoweniger aber traf doch nur
diese das Urtheil der öffentlichen Meinung. — Uibri=
gens können wir zur Illustration der Triarchie, welche
bei der Nord-Armee den Commandostab führte, nur des
sehr intim freundschaftlichen Verhältnisses erwähnen, in
welchem der österr. Feldherr immer zu seinen beiden
Satelitten gestanden hat, und sie eben aus diesem
Grunde in seiner unmittelbaren Nähe haben wollte. —
Dem Generalstabs-Chef Feldmarschall Henikstein wurde
in einem noch im Lager bei Olmütz vor dem Beginn
der Feindseligkeiten erlassenen Armeebefehl, die Nach=
folge in der Würde des Höchst-Kommandirenden für
den Fall sicher gestellt, als dem F.-Z.-M. Benedek
irgend etwas Menschliches zustoßen sollte, welches ihn

an der Weiterführung des Commandos behindern könnte. Es war also sogar für die erbliche Nachfolge der Feldherrenstelle bei der Nord-Armee vorgesorgt — wie rührend das ist im 19. Jahrhundert. Indem wir also in den folgenden Zeilen jenes geheimnißvolle Dunkel, welches noch allenthalben über die wahren Ursachen der Niederlage bei Königgrätz verbreitet ist, aufhellen und über die mit eigenen Augen wahrgenommenen Thatsachen in öffentlicher Weise berichten wollen, können wir natürlich in keinem anderen, als eben nur im historischen Interesse schreiben und überlassen es gleichfalls auch den Lesern sich aus unserem Berichte über jene Katastrophe ihr beliebiges Urtheil zu bilden. — Wir vermögen ebenso wenig zu konstatiren, daß Verrätherei dabei im Spiele war, als wir es mit unserem militärischen Gewissen vereinbart fänden, es nur für zulässig zu halten, daß den Führern der Nord-Armee, welche doch als die ersten militärischen Capacitäten Oesterreichs gegolten haben, und die während ihrer langjährigen Dienstzeit nie, durch irgend eine Handlung der Mitwelt Anlaß gaben, an ihrem gesunden Menschenverstand zu zweifeln, geradezu jene Kopflosigkeit imputirt wird, welche im entscheidenden Augenblick zu lauter Verkehrtheiten und falschen Maßregeln schreitet,

— diese Zumuthung wird zum Theile auch die militä=
rische Vergangenheit des F.=Z.=M. Benedek wider=
legen können. — Wie es denn immer sei, die Thatsache steht fest,
daß Oesterreichs Macht, nur durch seine militärische
Miß erfolge seit einem Jahrzehend im Sinken be=
griffen ist, nicht die Finanz=Calamität und auch nicht
seine innere politische Zerfahrenheit ist es, welche an
der Niederlage bei Königgrätz einen Antheil hat,
sondern ausschließlich nur das verrottete
Heerwesen mit den unglücklichen Conse=
quenzen des obligaten stets einseitigen
Dienstbetriebes, (bürokratischer und anderer Schlen=
drian genannt), so wie die talentlose Führung, sind
die veranlassenden Ursachen gewesen. — Dieß unsern
Lesern anschaulich zu machen, wollen wir uns, in der
folgenden Abhandlung über die Schlacht am 3. Juli
1866, zum Ziele nehmen. Was man daher aus der
Unzufriedenheit der Nationalitäten demonstrirte, um die
Idee plausibel zu machen, daß auch die Politik bei
jener Katastrophe mit im Spiele gewesen, mag wohl
recht staatsmännisch plaidirt sein, um patriotische Zwecke
zu erreichen, aber wir müssen ähnliche Zumuthungen,
welche den militärischen Geist der Armee indirecte an=

greifen, als eine Fiction desavouiren, und wollen es eben in dieser Schrift augenscheinlich machen, daß nur militärische und keine politischen Motive an jenem verhängnißvollen Tag ihre eiserne Logik zur Geltung gebracht haben.

Die militärische Disciplin hat mit Nationalitäten nichts zu schaffen, und in Oesterreichs Heer darf man eben nicht über eine laxe Handhabung derselben Beschwerde führen, im Gegentheil artet diese nur zu oft in lächerliche Hyperbeln aus, die dann eher als ein negativer, statt positiver Factor für dessen Kriegstüchtigkeit zu betrachten sind. — Anderntheils ist die Mannschaft gewöhnt, dem Officier blindlings zu folgen, und unter diesen haben politische Reflexionen, außer dem Kaffeehaus, in der Regel keinen Cours.

Die socii latini und italici nominis, des alten Rom, hatten ebensowenig Ursache mit der Politik desselben zufrieden zu sein, als die Nationalitäten Oesterreichs vor dem Kriegs-Ausbruche anno 1866 es waren, dessenungeachtet haben sie mit ihrem Gut und Blut die Weltherrschaft desselben begründen helfen, so auch die Ungarn, Polen, Czechen, Slovaken und Croaten, welche für Oesterreichs deutsche Machtstellung bei Königgrätz nicht mit weniger

Tapferkeit kämpften, als die bei dieser Affaire näher betheiligten deutschen Regimenter, dieß glauben wir zur Wahrung der militärischen Ehre dieser oft bewährten Bundesgenossen Oesterreichs nicht unerwähnt lassen zu dürfen. Preußenfreundliche Schriftsteller darunter Rüstow wollen der Welt glauben machen, durch die unvergleichliche Tapferkeit und Schlagfertigkeit des preußischen Heeres sei die Niederlage am 3. Juli herbeigeführt worden, wir wollen aber im Verlauf unserer Abhandlungen es augenscheinlich machen, daß auch eine minder muthige und weniger kriegsfertig geschulte Armee, die Oesterreicher in der Stellung bei Königgrätz geschlagen haben würde, — daran zweifelt wohl auch kein Fachmann mehr.

Der Verfasser.

Motto: „Eine Armee von Hirschen unter An=
führung eines Löwen wird früher
siegen, als eine Armee von Löwen
unter Anführung von Hirschen."
Antike Kriegschronik.

Daß der österreichische Feldherr, mit dem am 28. Juni 1866 schon vollständig, zwischen Josefstadt und Miletin konzentrirt gewesenen Gros der Nord=Armee, 2 Tage lang in vollkommenster Unthätigkeit verharrte, und es mit einer nicht zu rechtfertigenden Nonchalance geschehen ließ, daß das 10. Armee=Corps bei Trautenau, das 6. bei Nachod am 27., dann das 8. bei Skalitz am 28., das 4. Armee=Corps bei Dolan am 29. Juni, sowie das 1. Armee=Corps und das königl. sächsische Contingent an demselben Tage bei Gitschin von den Preußen geschlagen wurde, sind bekannte Dinge; auch weiß man allenthalben, daß ihm von Seite der, in diesen Treffen befehlenden Generälen, die eindringlichsten und aufklärendsten Berichte über die jeweilige Situation zugegangen sind, und an seinen Generalstabschef direkte Aufforderungen zur Verwendung aller disponibeln Truppen gegen die siegreich vordringenden Kolonnen der Armee des Kronprinzen, gerichtet worden sind, sowie daß all' dieselben Bemühungen an dem eisernen Willen des Armee-Komandanten und der Verblendung seiner Umgebung scheiterten.

Wir wollen daher unsere Berichte nur von dem Tage an datiren, als der öster. Feldherr den Entschluß faßte, die Trümmer seiner in vereinzelten Kämpfen besiegten Armee-Corps bei Königgrätz zu koncentriren, um dort die Hauptschlacht zu schlagen; ein Telegramm, in welchem es hieß: „das Zurückweichen des 1. und königl. sächsischen Armee-Corps aus der Stellung bei Gitschin, zwinge ihn mit dem Gros der Armee den Rückzug nach Königgrätz anzutreten," sollte die öster. Regierung über die Ursache der Einstellung der Offensive, verständigen, da aber bis zum 30. 6 Uhr Abends, ebensowol das 10., 6., 8. und 4. Armee-Corps geschlagen waren, und nunmehr das 2. und 3. intakt blieben, muß man sich wohl nur über solch' lakonische Begründung einer verhängnißvollen Maßregel höchlichst wundern; sie war ja entschieden doch nur auf Täuschung berechnet, — denn wie konnte der F.-Z.-M. Benedek mit Recht von dem etwa 50.000 Combatanten zählenden Clam'schen Corps erwarten, daß es die 3mal so starke preußische Haupt-Armee am weiteren Vordringen aufhalte, wenn es ihm mit dem Gros der Nord-Armee nicht gelang die um nahezu die Hälfte geringere Armee des Kronprinzen an ihrer Vereinigung und offensiven Aktion zu behindern?

Bevor wir jedoch zu dieser Arbeit uns anschicken, halten wir es zum richtigen Verständniß des sogenannten tiefen strategischen Planes, welcher im öster. Hauptquartier mit einer unerhörten Geheimnißkrämerei vor der vorzeitigen Enthüllung gehütet wurde, für unerläßlich, die zum Theile durch die Rüstow'sche Geschichte der Feldzüge des Jahres 1866 sowohl, als durch andere Schriften, welche über diese Ereigniße relationiren, unter das Publikum gebrachten, meist falschen Angaben, über Aufstellungs= und Bewegungs=Momente einzelner österr. Corps zu berichtigen; ob diese Unrichtigkeiten absichtlich oder aus Unkenntniß in die Oeffentlichkeit gebracht worden sind, kümmert uns bei unserer Darstellung der Begebenheiten, welchen wir selbst angewohnt haben, wenig, wir haben Niemandens Interesse, als das der historischen Wahrheit zu schützen und zu vertretten.

Es wird heut zu Tage von keinem Fachmanne, welcher die bis jetzt bekannt gewordenen Operations=Geheimniße des Chef's der öster. Nord=Armee kennt, bezweifelt werden, daß die Niederlage der Armee des Kronprinzen dem Feldzuge eine für Oesterreich glücklichere Wendung gegeben haben würde; — und daß diese leicht herbeizuführen möglich gewesen wäre, auch wenn der F.=Z.=M. Benedek das Gros seiner Armee auf jenem Operationsfelde nicht zur Aktion bringen wollte, soll folgender Bericht handgreiflich machen.

Ein noch im Olmützer Lager erlassener Armee=Befehl verordnete, daß es jeder General oder sonstiger Kolonnen=Comandant als seine unverbrüchliche Pflicht anzusehen habe, mit seiner Truppe dem jeweiligen Kanonendonner zuzueilen, und am Kampfe auch unaufgefordert sich zu betheiligen. Nun lagerte am 27. Juni, dem Tage des Treffens bei Trautenau, das 4. Armee-Corps mit 3 Brigaden zwischen Königinhof und Schurz am rechten Elbe-Ufer, und hielt dort, einen 4 bis 5stündigen Marsch vom Kampfplatz entfernt, Ruhetag, während die Brigade Fleischhacker desselben Corps zur Hälfte nach Böhmisch-Prausnitz (dies war ein Irrthum; die $1/_2$ Brigade des Obersten Stocklin sollte in Deutsch-Prausnitz nächst Trautenau Stellung nehmen) und Kottwitz detachirt wurde. Kottwitz ist eine kleine Stunde von Pilnikau und etwa $1^3/_4$ Stunden von Trautenau entfernt, die 4 Bataillone mit einer halben Batterie und einer $1/_2$ Escadron Hussaren langten dort selbst unter persönlichem Commando des Gen. Fleisch-hacker um beiläufig $10^1/_2$ Uhr Vormittag an, und bezogen ein Bivouak, schon um $8^1/_2$ Uhr war der Kanonendonner von Trautenau zu dieser von Königinhof gegen Kottwitz sich be-bewegenden Marsch-Kolonne herübergedrungen, ebenso wurde dieselbe durch die aus Trautenau nach Königinhof flüchtigen k. k. Beamten und der Gensdarmerie von dem dort beginnenden Kampf in Kenntniß gesetzt; im Lager bei Kottwitz angelangt, unterhielten sich die Offiziere dieser $1/_2$ Brigade damit, den Gang des in der Nähe stattgefundenen Kampfes mit ihren Ferngläsern zu beobachten, des Nachmittags zwischen 4 und 5 Uhr wurden dortselbst versprengte preußische Mannschaft und Pferde durch einen Offizier des 13. Jäger Bataillons, nebst der Nachricht eingebracht, daß das Gefecht sich nunmehr gegen Rognitz hinziehe, woraus die Gewißheit resultirte, daß diese ½ Brigade in Kottwitz nunmehr gegen die Flanke und dem Rücken der preußischen Gefechtslinie zu wirken in der Lage war, der Chef derselben aber, G.=M. Fleischhacker fand es für angemessener in der ursprünglichen Passivität zu verharren, und mit einer unerklärbaren Beharrlichkeit und Selbsttäuschung seine Patrouillen über Arnau hinaus, gegen Hohenelbe und Freiheit hin, streifen zu lassen, ungeachtet die Aussagen der Patronillen=Commandanten und Landbewohner immer dahin lauteten, daß dort weit und breit von preußischen Truppen keine Spur zu sehen sei.

Es läßt sich diese Versäumniß, das lächelnde Glück nicht herzhaft zu erfassen, umsoweniger rechtfertigen, als diese ½ Brigade, falls sie sich beim Trautenauer Kampf betheiligen wollte, leicht durch eine andere, des in der Nähe Königinhofes gelagerten 4. Armee=Corps in ihrer beobachtenden Aufstellung bei Kottwitz ersetzen ließ, wenn dieses letztere Commando durch eine berittene Ordonanz bei Zeiten von der Absicht des G.=M. Fleischhacker verständigt worden wäre. — Durch diese Activität der bei Kottwitz gelagerten ½ Brigade, welcher noch ½ Escadron Hussaren beigegeben waren, wäre der Brigade Knebl der Bajonnett=Angriff auf den Kapellenberg und die damit verbunden gewesenen enormen Verluste erspart, und ein vollständiger Sieg mit geringern Opfern errungen worden, die Brigade Knebl blieb dann am 27. als eine intacte Reserve bei Neu=Rognitz stehen, und konnte am 28. den Ereignissen beim 10. Armee=Corps eine für dasselbe weniger tragische Wendung geben.

Da sich über Unkenntniß dessen, was bei Trautenau vorging beim 4. Armee-Corps Niemand entschuldigen konnte, ist es um so unbegreiflicher, daß der Armee-Befehl, wonach der Kanonnendonner dem Colonnenkommandanten immer als Marsch-Directions-Object zu dienen habe, bei der österreichischen Generalität eine so flagrante Nichtbeachtung fand, wie am 27. und 28. Juni. Damals würde dessen Befolgung in der ostensibelsten Weise den Feldzug für Oesterreich entschieden haben, — hatte man sich im österreichischen Hauptquartier vielleicht mittlerweile für eine andere Taktik entschieden, oder waren in Betreff der Postirung des 4. Armee-Corps speziell, bindende Instructionen dem Corps-Commandanten ertheilt worden? Wir haben davon nie etwas vernommen, — sondern mußten nur mit einem unheimlichen Gefühl, welches bösen Ahnungen vorherzugehen pflegt, über die Nonchalance erstaunen, mit welcher sich die österreichischen Generäle im Allgemeinen über den oberwähnten in den unbezweifelbarsten Ausdrücken abgefaßten Armee-Befehl hinaussetzten, und dadurch eben den Preußen, welche diese Instruction gewissenhafter befolgten, zu wohlfeilen Siegen verhalfen. Wie fatal der Kampf am 28. Juni bei Rognitz-Bierkersdorf für die Garde-Division enden konnte, wenn das österreichische 4. Armee-Corps-Commando gleich dem, jener preußischen Division sich von diesem Stratagem inspiriren ließ, und gegen Trautenau aufbrach, ist schon in mehreren Aufsätzen österreichischer Fachblätter berührt worden, — der Herzog August von Würtemberg, befand sich alsdann in einer viel schlimmeren Situation, als die gewesen ist, welche er dem F.-M.-L. Gablenz durch seinen Flanken Angriff bereitet hatte.

Das der preußischen Führung von Rüstow unterschobene Project, mit der, gegen Staudenz vorgerückten 1. Division des Garde-Corps, das österreichische 10. Armee-Corps, von dem 6. zu trennen, ist eben eine zur Verherrlichung der Herzog Würtemberg'schen Kriegskunst erfundene Geschichte, die Garde-Division schob sich durch dieses Manöver dann zwischen das 10. Corps und die bei Josefstadt im Aufmarsch begriffene Haupt-Armee, und hatte thatsächlich, nachdem es aus Prausnitz-Keule debouchirt war, das 4. Armee-Corps in der Entfernung von 2 Wegstunden in Flanke und Rücken, welches diese tollkühne Operation schwer strafen konnte. Uebrigens konnte dieß auch aus dem Grunde nicht in der Absicht des Herzogs gelegen sein, weil er sonst sich sofort am frühen Morgen gegen Königinhof in Marsch gesetzt haben würde, um thatsächlich das 10. Armee-Corps von seiner Verbindung mit der Haupt-Armee zu trennen, — daran konnte ihn die österreichische Brigade Fleischhacker nicht hindern, weil sie nicht, wie Rüstow es fälschlicherweise anführt in Ober-Soor den Rückzug des 10. Armee-Corps deckte, sondern sie kampirte in Kottwitz von jenem Gefechtsfelde etwa 4 Wegstunden weit. Das Werk dieses viel gelesenen Schriftstellers wimmelt überhaupt von Unrichtigkeiten und Erdichtungen seltsamster Art, und man kann sich eben nur über die kühne Stirne wundern, mit welcher er der österreichischen Presse schamlose Lügen vorwirft, die sie über die einstigen Ereignisse am Kriegsschauplatz verbreitete; Journale bringen eben nur verbürgte und nicht verbürgte Neuigkeiten zur Befriedigung unersättlicher Neugierde, — sie haben aber nicht die Tendenz, Geschichte zu machen wie jener verehrliche Autor, mit seiner wunderlichen Kriegs=Chronik, wir werden später bei der Beschreibung der Schlacht von König=grätz wieder darauf zurückkommen.

Wenn wir es mit dieser Berichtigung der entweder aus Unkenntniß oder unlauterer Absicht entstellten Thatsachen, außer allen Zweifel gestellt, daß: das 4. Armee=Corps und namentlich die zu demselben gehörige Brigade Fleischhacker, der Niederlage des 10. Armee=Corps am 28. Juni vorbeugen und dieselbe nach Umständen, besonders wenn das erstere sich an dieser Action betheiligt haben würde, in einen bezidirten Sieg verwandeln konnte, dürfen wir unsern Lesern ebenso wenig die bisher von allen Berichterstattern unerwähnt ge= lassenen Ereignisse des 30. Juni vorenthalten, welche mehr als alle vorhergegangenen und nachgefolgten operativen Maß= regeln des Commandanten der Nord=Armee geeignet sind denselben in eine ganz eigenthümliche Beleuchtung zu stellen, um so mehr, wenn man berücksichtigt, daß man an ihm besonders Energie und Entschlossenheit zu rühmen pflegte, welche auch für dessen Wahl zur Befehligung der Nord=Armee entschieden haben soll. Nachdem das in Folge der Siege von Skalitz ver= einigte preußische 5. und 6. Armee=Corps unter General Steinmetz das österreichische 4. Armee=Corps bei Schwein= schädel und Dolan zurückgeworfen, setzte es in der Nacht zum 30. Juni und an diesem Tage selbst, seinen Marsch nach Grablitz fort um sich mit dem in Königinhof mittlerweile an= gelangten Garde du Corps zu vereinigen und so die Ordres des Königs nach einer 3tägigen Blutarbeit zum endlichen Ab=

schluß zu bringen. Die österreichische Armee war am 29., mit Ausnahme des am eiligen Rückzuge über Neustadtel und Königinhof begriffenen 10. Armee-Corps und der Brigade Fleischhacker des 4. Corps, welche diesen Rückzug bei Königinhof sehr schlecht bekte und sich abermals die Gelegenheit entschlüpfen ließ, den Preußen eine empfindliche Schlappe beizubringen, zwischen Jaromĕř, Josefstadt und Groß-Bürglitz und Miletin konzentrirt, in der Nacht zum 30. Juni trafen auch diese Abtheilungen im Lager bei Salney ein, also konnte der F.-Z.-M. Benedek allbort über das ganze Gros der Nord-Armee, d. i. einer Truppenmacht von beiläufig 180.000 Mann disponiren, dieselben standen in jener vortrefflichen Position, welche das rechte Elbe-Ufer zwischen Josefstadt und Doubrawetz bietet; die preußischen Kolonnen des 5. und 6. Armee-Corps hingegen, zogen zum Theile auf dem von dieser Stellung am rechten Ufer beherrschten linken Elbe-Ufer, eine kleine Wegstunde von der Gefechtsfront der österreichischen Armee entfernt, an dieser vorüber, um nach Grablitz zu gelangen, und lagerten sich auch, so wie z. B. das 5. Armee-Corps (wahrscheinlich aus Unkenntniß der Situation, weil sie in der Nacht marschirten) unmittelbar unter den, in Position bei Kukus aufgefahrenen Batterien des österr. 2. Armee-Corps. Als der Morgen anbrach, wurden sie von österreichischen Geschoßen, die in ihre Bivouaks hagelten, begrüßt, und wechselten sonach ihre Lagerplätze; die Brigade des Generalmajors, Herzogs von Würtemberg, überschritt dortselbst die Elbe und bezog gegen Grablitz zu eine beobachtende Stellung; — dies war die ganze Action der österreichischen Heerführung an dem Tage,

wo sich so leicht das bereits Verlorene wieder einbringen, das Fehlerhafte hätte gut machen lassen. — Die preußischen 2 Corps machten Angesichts der, in einer äußerst günstigen Position aufmarschirten österreichischen Hauptarmee, welche bei einem ungünstigen Ausgange einer gegen das linke Ufer hin gerich=
teten Offensive, für den Rückzug eine unvergleichliche Auf=
nahmsstellung geboten haben würde, — u. z. ganz unbehelligt — einen höchst gefahrvollen Flankenmarsch. Soweit man in der Kriegsgeschichte rückzublicken vermag, ist eine solche Kühn=
heit noch nie ungestraft geblieben, und wir erinnern deshalb nur an Kolin, Austerlitz und neuester Zeit an Custozza; die preußische Armee aber vom Jahre 1866 durfte alles wagen, im österreichischen Hauptquartier war man nach den paar verlorenen Gefechten in eine vollständige Passivität ver=
fallen, keine Spur einer Thatkraft oder auch nur eines ver=
nünftigen Entschlußes, man ließ sich vollkommen von den Ereignissen deprimiren, und in dieser Gemüthsstimmung dachte man nur mehr an eine verzweifelte, keineswegs aber ener=
gische Defensive — und die Logik davon war Königgrätz. — Daß es so und nicht anders gewesen, beweist folgendes Factum. Als am 30. Juni um ungefähr 1 Uhr Nachmittags bei der am linken Elbe=Ufer vis - à - vis der österreichischen Stellung gelagerten preußischen Abtheilung durch die Patrouillen eine Bewegung signalisirt wurde, gab man sofort im öster=
reichischen Lager Appell und die Truppen griffen zu den Waffen, die ganze Armee rückte dann sofort mit fliegenden Fahnen und klingendem Spiel bis an den steilen Uferrand der Elbe vor, um, wie es schien, einem feindlichen Angriffe

zu begegnen, der aber von den Preußen gar nicht beabsichtigt worden war, sie hatten nur ihre Bivouaks gewechselt und einige Colonnen des 6. Armee=Corps waren noch von Tre= beschow her im Nachrücken. Die österreichische Armee blieb aber dessenungeachtet bis zum nahenden Abende in ihrer Schlachtbereitschaft stehen, und beiläufig gegen 7 Uhr kehrten die Truppen wieder in ihre Bivouaks zurück, um am andern Morgen sich gegen Königgrätz in Marsch zu setzen. — Was soll dies anderes beweisen, als daß der FZM. Benedek ernst= lich besorgt war, von den 2 preußischen Armee=Corps in sei= ner starken von einer 4=fachen Uebermacht okkupirten Stellung angegriffen zu werden; daß er aber schon den Tag vorher gar nicht im Entferntesten daran gedacht hatte, diesen 2 Corps mit seiner Uebermacht in die Flanke fallend, selbst anzugreifen. Wodurch klar constatirt ist, daß bei ihm wohl schon früher die Offensive aufgegeben war, bevor noch die Nach= richt von der Niederlage des 1. Armee=Corps und der Sach= sen in Josefstadt eintraf. —

Daß General Steinmetz sich in seiner Ruhe am linken Elbeufer nicht beirren und zu einem Angriff auf die vorzüg= liche Position der österreichischen Armee nicht provoziren ließ, ist zwar nicht ritterlich, aber sehr klug gewesen, er kam so auch vorwärts, — überhaupt haben die preußischen Generäle in diesem Feldzuge in eben dem Grade nach richtigen takti= schen Grundsätzen verfahren, als die österreichischen von den= selben abwichen, nicht der strategischen Impotenz des General= stabes der Nord=Armee allein, auch den taktischen Ungereimt= heiten, welche die Generäle auf's Tapet brachten, fallen jene kolossalen Mißerfolge zur Last, von der Wirkung des Zündnadelgewehres, auf welches bei der Truppendisponirung eine vernünftige Rücksicht zu nehmen gewesen wäre, ganz abgesehen. — Die Ansicht eines sonst geistreichen Aristarchen der österreichischen militärischen Institutionen, welcher in einer über den Feldzug 1866 in Böhmen verfaßten Brochüre nebst mehreren anderen mitunter sehr treffenden Ausfällen auf den österreichischen Generalstab sagt: „Daß die Taktik und Stra„tegie ein leeres Kriegsschulgeschwätz involviren, welchem keine „praktische Bedeutung beizulegen sei", — wird durch die Ereignisse auf den böhmischen Kriegsschauplätzen nicht bestätigt; hingegen die Behauptung desselben, daß dem FZM. Benedek alles gelehrte Zeug von jeher ein Gräuel war, durch die Rath- und Thatlosigkeit, in der er sich jeweilig befand, genügend gestützt; in dem Augenblicke, wo letzter die Ueberzeugung gewann, daß sich die Preußen nicht mit dem Kolben erschlagen ließen, wie es einstens gewisse Journale in martialischer Weise vor dem Kriege ankündigten, war er und alle jene seiner Sateliten, welche diesen simplen taktischen Ansichten so gerne zujubelten, weil sie dann überhaupt der Mühe überhoben waren, etwas zu lernen, mit ihrem Latein zu Ende. — Es ist auch in der That nirgends bequemer General zu sein, als in einer Armee, wo man von der plumpen Faust des gemeinen Soldaten allein erwartet, daß sie alle taktischen und strategischen Probleme löse; zur Zeit des Hanibal und Julius Cäsar mag diese Ansicht etwas für sich gehabt haben, seit der Erfindung des Schießpulvers aber und besonders der Hinterlader und gezogenen Kanonen, gehört sie in die Rumpelkammer ungangbarer Traditionen. Wenn es auch nunmehr als eine ausgemachte Sache gilt, daß der strategische Entwurf zu den Operationen des preußischen Heeres fehlerhaft war, die taktische Geschicklichkeit und Gewandtheit der preußischen Generäle hat hauptsächlich das Gelingen desselben geförbert, dies werden wir auch in unserer Schilderung der Schlacht am 3. Juli Gelegenheit haben, unseren Lesern anschaulich zu machen, und sonach kehren wir nach dieser für unsere Darstellungsart nicht unwesentlichen Abschweifung wieder zu jenem Thema zurück. —

Nach Absendung des oben citirten Telegrammes wurde die Concentrirungs-Bewegung sämmtlicher Armee-Corps behufs der Aufstellung bei Königgrätz angeordnet, und am 1. Juli wurde dieselbe von diesem begonnen; das 1. Armee-Corps und das königl. sächsische Contingent waren bereits am 30. Juni in der Nähe von Königgrätz eingetroffen, und wie es bei der Natur der, gegen die nahezu vierfache Uebermacht der preußischen Haupt-Armee geführten 3tägigen Kämpfe nicht anders zu erwarten war, in einem deplorablen Zustande. Der ganze 1. und 2. Juli blieb dem österreichischen Feldherrn zur Disposition, um durch selbfortifikatorische Arbeiten sowohl die für die Armee gewählte Position zu befestigen, als auch durch entsprechende taktische Instruktionen an seine unterstehenden Generäle jene unerläßlich nöthigen Vorbereitungen für die Entscheidungsschlacht zu treffen, von welchen unter den damaligen, im Allgemeinen höchst ungünstigen Verhältnissen, in welchen sich die Armee befand, vielleicht noch ein glücklicher Waffenerfolg zu erwarten ge-

wesen wäre. — Es wurde aber diese kostbare Frist nicht
genug energisch ausgebeutet, um den Mangelhaftigkeiten des
Schlachtfeldes durch die Feldfortifikation eines Theils abzu=
helfen; die wenigen Batterien, welche aufgeworfen, und die
unzulänglichen Verhacke an einigen Wald=Rändern genügten
nicht diesen Mängeln abzuhelfen; übrigens zeigten sich diese
letzteren dem Fachmanne auf den ersten Blick, daß sie nur
zum passageren Schutz der Vorpostenskette und zu keiner
nachhaltigen Vertheidigung zu dienen hatten; da sie auch noch
unter dem dominirenden Feuer der preußischen Geschütze
situirt waren, ist der Zweck dieser Arbeiten um so weniger
einleuchtend. — Verhaue sind an und für sich schwache An=
näherungshindernisse für den Feind, aber keine Deckungsmittel
für die eigene Truppe. Sollte das Schlachtfeld von König=
grätz fortificirt werden, mußten vor allen andern die Dörfer
Lochemitz, Nebelischt und Maslowied am rechten Flügel, Chlum,
Lippa im Centrum und Problus, Nieder= und Ober=Prim
sammt den dort angrenzenden weitläufigen Gehölzen am linken
Flügel der Schlachtlinie zur Vertheidigung hergerichtet, und
durch zweckmäßig angelegte Schanzen und Batterien geschützt
werden. Dieß war um so nöthiger als jene Position, selbst
für eine noch nicht besiegte Armee, — ganz abgesehen davon,
daß sie für die Österreicher eine gefährliche Flankenstellung
bildete, weil ihre Hauptrückzugslinie in der Verlängerung ihres
linken Flügels lag, — so viele taktische Schwächen aufwies,
daß deren Wahl zu einem Defensiv=Schlachtfeld für eine zu
$3/4$ Theilen geschlagene und geschwächte Armee, gerade zu als
eine Kopflosigkeit erscheint. — Unsere oben gemachte Bemer=

kung über die im österr. Hauptquartier schon am 29. einge=
rißene moralische Niederlage, welche eine jede energische Initia=
tive a priori unmöglich machte, kann allein die Wahl jenes
Schlachtfeldes und die Unthätigkeit am 1. und 2. Juli er=
klären, folgerichtig mußte dann die materielle Niederlage un=
ausbleiblich werden. — Im Verfolge unserer Abhandlung
werden wir bei der Schilderung der Terrain=Verhältnisse der
merkwürdigen Wahlstatt, deren eindringliches Studium den
österr. Generalstab so wenig beschäftigte, unsere oben ausge=
sprochene Meinung näher begründen. —

Heut zu Tage, wo die gezogenen Kanonen, wenn sie
eine beherrschende Anhöhe erreichen können, über Dörfer,
Wälder und andere Cultur=Gegenstände sowie über die Köpfe
der eigenen Truppen hinweg auf beträchtliche Entfernungen,
mit vieler Präcision ihre Geschoße in die größern Schlacht=
haufen, resp. Massen, Reserven 2c. 2c. des Gegners entsenden
können, haben die Terrain=Verhältnisse insbesondere der geogno=
stische Theil derselben, eine viel höhere Wichtigkeit als dies
früher bei den kürzern Tragweiten der Geschütze der Fall ge=
wesen ist, — daher wollen wir bei der Beschreibung des
Königgrätzer Schlachtfeldes uns auch mehr mit dieser letzteren
als mit einer weitschweifigen Schilderung der den Erdboden
bedeckenden Kulturgegenstände befassen, die bei dem jetzigen
Stand der Waffentechnik und der Massenverwendung der
Artillerie, wie sie auch in der Schlacht am 3. Juli vorkam,
von nur untergeordneter Bedeutung für den Verlauf einer
Schlacht sein können.

Beschreibung des Schlachtfeldes.

Es wurde das eigentliche Schlachtfeld von jenem Terrain-Abschnitt nordwestlich der kleinen Feste Königgrätz gebildet, welcher im Osten von der Elbe, im Westen von der Bistritz und im Norden der Trotinka eingerahmt ist, beide letztern Gewässer zählen zu jenen kleinen Flüßchen, welchen in militärischer Hinsicht keine Wichtigkeit beigelegt werden kann, obschon die Bistritz stellenweise versumpfte Uferränder hat, es hinderten diese die Vortruppen der preußischen Infanterie nicht, schon beim Beginne des Kampfes das linke Ufer zu erreichen und sich in dort befindlichen zahlreichen Gehölzen festzusetzen, die nachfolgenden Kolonnen thaten dies dann unter dem Schutze der auf den dominirenden Höhen des rechten Ufers aufgefahrenen Batterien.

Da die beiden Flügel der Schlachtlinie der österreichischen Armee gegen die Elbe zu abgebogen waren, so gewann diese das Ansehen eines Kreissegments, dessen Sehne dieser Fluß bildete. — Wenn schon an und für sich diese Gestaltung der Treffenlinie eine höchst anormale gewesen ist, welche allen bisher für defensive Gefechts-Aufstellungen bekannten Regeln spottet, weil sie an einer Stelle durchbrochen, die Flanke und den Rücken der nicht durchbrochenen Truppenstellungen den feindlichen Batterien Preis gibt, so war auch die Terrainbeschaffenheit, mit Ausnahme der Strecke zwischen den Dörfern Chlum und Maslowied der Art, daß sie für die Wahl jenes Schlachtfeldes zur Entscheidungsschlacht nicht maßgebend sein konnten; — ebenso war die Weitläufigkeit des okkupirten Raumes außer allem Verhältniß zu der, dem Feld-Z.-M. Benedek noch zu Gebote gestandenen Truppenmacht, und die geringe Tiefe desselben eine der Hauptursachen zu den verhängnißvollen Kreuzungen und Stockungen der Colonnen beim Rückzuge, was erfahrungsmäßig unvermeidlich Unordnungen und Verwirrungen zur Folge hat. — Napoleon I. verlangt von defensiven Schlachtlinien, daß sie eine konkave Form und eine durchaus beherrschende, aber nicht beherrschte Lage haben sollen, Erzherzog Carl empfiehlt besonders einen hindernißfreien und sehr wegsamen Rückzugs-Terrain, auf welchem sich die geschlagenen Colonnen wechselseitig unterstützend, zurückziehen und auf einer im Voraus bestimmten Linie unter dem Schutze der Reserven wieder sammeln und vereinigen können, man kann nun aber mit gutem Gewissen behaupten, daß das Schlachtfeld bei Königgrätz gerade das Gegentheil von diesen eine gute Defensiv-Stellung charakterisirenden taktischen Kriteriens aufwies.

Nach seiner geognostischen Beschaffenheit klassificirte dasselbe eher zum Flachlande, als Hügelland, nur das oben erwähnte Terrain zwischen der Chaussée von Sadowa und der Landstrasse von Horenowes war hügelig und mehr durchschnitten, sonach qualificirte sich dasselbe vorzüglich für die Evolutionen größerer Cavallerie- und Artillerie-Massen, was vielleicht den Chef des Generalstabes der Armee, welcher eine Aversion gegen den Gebirgskrieg zu haben schien, und in der Ebene die Entscheidung des Feldzuges anstrebte, bewogen haben mag, das rechte Ufer statt das günstigere Chancen für eine Defensiv-Schlacht bietende linke Ufer der Elbe, in der Nähe von Königgrätz mit der Armee zu okkupiren.

Die Infanterie wurde in dem 3tägigen Gebirgskrieg durch das unvernünftige Sturmlaufenlassen zu Grunde gerichtet, während der größte Theil der Cavallerie 2 leichte und 3 schwere Divisionen nnd die Armee-Geschütz-Reserven aus 16 Batterien bestehend noch intakt verblieben, — sonach sollte durch diese 2 Haupt-Waffen das moralische Gleichgewicht, welches in den vorerwähnten Gebirgskriegen gegen die geschickter geführte preußische Infanterie verloren ging, wieder hergestellt, und der Feind durch die noch nicht besiegten Waffengattungen überwunden werden, — der einzige stichhältige Grund, welcher eine ähnliche Auswahl entschuldigen konnte; — wir werden aber im Verlauf unseres Berichtes sehen, welch' ein kümmerlicher Gebrauch von diesen 2 intakten Hauptwaffen während der Schlacht selbst gemacht worden ist, — wo doch die rücksichtsloseste Verwerthung derselben durch die Nothwendigkeit unbedingt gefordert wurde. — Nicht nur diese unerklärliche Thatenlosigkeit der großen Artillerie- und Cavallerie-Körper während der Schlacht, sondern auch das wollen wir konstatiren, daß gerade jene Infanterie-Corps, welche am stärksten in den vorhergegangenen Kämpfen gelitten hatten, und daher am meisten moralisch erschüttert waren, in der Schlacht am 3. Juli dazu berufen wurden, dem drohenden Mißgeschick der Armee eine günstige Wendung zu geben. —

Dieses Flachland also, welches durch seine weitläufigen Terrainwellen und mulbenartigen Einsenkungen, die gedeckte Aufstellung größerer Truppenmassen in koncentrirter Form begünstigte, erhebt sich von dem Flußbett der Elbe gegen Nordwesten hin, und zwar nördlich der Chaussee von Sadowa allmälig in wellenförmigen Terrassen bis zu dem Dorfe Chlum, welches selbst in einer Vertiefung auf dem höchsten Punkt eines sanft ansteigenden Höhenrückens liegt, der bann in seiner nördlichen und westlichen Fortsetzung zum bewaldeten Hügellande transmutirt, und gegen die Thalsohle der Bistritz sowol, als gegen die südlich desselben gelegene Chaussee von Sadowa-Königgrätz, der Haupt-Rückzugslinie der österreichischen Armee in kleineren aber auch steileren Absätzen absenkt, während er gegen das Dorf Maslowied hin, sich mit einer nur sehr sanften Neigung abdacht.

Aus dieser Beschreibung und einem Blick auf die Karte wird unser Leser bereits erkannt haben, daß jener Höhenrücken auf dem das Dorf Chlum in einer mulbenartigen Vertiefung situirt ist, den höchsten das ganze Schlachtfeld in der Front und im Rücken dominirenden Punkt darstellt, von welchem aus man einerseits die Chaussee von Sadowa, andern-

2*

theils die Strasse von Horenowes, sowie den ganzen zwischen diesen beiden **Hauptanmarschlinien** der preußischen 1. Armee, dann der Elbe gelegenen Terrain-Abschnitt, also auch das Weichbild der Festung Königgrätz einsehen, und unter einem beherrschenden Geschützfeuer zu halten im Stande ist. — Auf diesem Höhenzuge befinden sich in einer etwa halbstündigen Entfernung die beiden Dörfer Chlum und Maslowied u. zw. auf dem gegen die Elbe zu abfallenden Hange, und da sie beide in Vertiefungen liegen, sind sie dem, von Weitem anrückenden Gegner bei trübem Wetter nicht leicht sichtbar, weßhalb sie die längste Tages-Zeit von der preußischen Artillerie keinen Schaden nehmen konnten, und so zu Hilfsplätzen für Verwundete benützt wurden, welche sich dort bei der Hartnäckigkeit des längs dem linken Bistritz Ufer geführten Kampfes, auch massenweise am Vormittage ansammelten; dieser Umstand sowol als die ungünstige tiefe Lage derselben, die Bauart der Häuser aus Holz und Stroh, dann die Form der Umfassung derselben, welche gegen die Feindesseite zu keine erkleckliche Feuerfront, sondern nur einige Hütten aufweisen, in welchen man kaum einige Plänklerschwärme etabliren konnte, machten selbe als taktische Punkte ohne fortifikatorischer Ergänzung völlig werthlos, und mußten dieselben auch sofort in den Besitz des Feindes ohne erhebliche Anstrengung gerathen, wenn es denselben einmal gelungen war, sich auf den bezüglichen Höhenrücken festzusetzen. —

Daß man diesen zwei Dörfern, obschon sie in der Schlacht am 3. Juli eine hervorragende Rolle spielten, österreichischer Seits gar keine Aufmerksamkeit zuwendete, ist eben nur aus dem oberwähnten Grunde erklärlich und die um ungefähr 1 Uhr Nachmittags plötzlich in Angriff genommene Herrichtung des Dorfes Chlum zur Vertheidigung durch Fällen der, an der Umfassung desselben gestandenen Bäume und Verbarrikadirung der Zugänge, und zwar auf persönliche Anordnung des Feld=3.=M. Benedek, welcher um dieselbe Zeit seinen Standort am Chlumer=Plateau verließ, um gegen den rechten Flügel der Schlachtlinie zu reiten, weist eben darauf hin, daß derselbe schon um diese Zeit die Schlacht für verloren hielt, denn sollte er es nicht gewußt haben, daß jene paar Holzhütten, von einem preußischen Brandgeschoß erreicht, sofort die Vertheidigung derselben illusorisch machen, und die Preußen kaum minutenlange aufhalten werden, — ihre Batterien auf den, südlich des Dorfes gelegenen Plateau aufzufahren, und sie auf die, in der Tiefe stehenden zwei Infanterie= und zwei Cavallerie=Corps der Reserve spielen zu lassen, — wie es auch in der That eine Stunde später geschehen ist? Oder sollte derselbe wirklich von jener Dorf=Vertheidigung die Behauptung des Plateaus gehofft haben? Dann muß man sich wohl über den Sanguiniker wundern, der dem flüchtig arrangirten Verhauen eine solche Wiederstandsfähigkeit imputirte, daß er beruhigt den bedrohten wichtigsten Punkt der Schlachtlinie um eben diese Zeit verlassen konnte. — Ebenso wunderlich erscheint die Räumung des zwischen Chlum und Lippa gelegenen Gehölzes durch die Brigade Appiano um eben diese Zeit, wodurch es den Preußen möglich wurde, dortselbst festen Fuß zu fassen und ihren Angriff auf Chlum unter den günstigsten Verhältnissen vorzubereiten, — was hat man nun aber von der Vertheidigung eines schlecht situirten Dorfes überhaupt zu erwarten, wenn bis auf 100 Schritte Entfernung von selbem ein hochstämmiger Wald die gedeckte Annäherung dahin gestattet, — warum wurde in diesem Walde nicht der äußerste Wiederstand von der Brigade Appiano geleistet? und warum waren dessen westliche Zugänge und Lisiéren nicht verschanzt? Soll man es glauben, daß diese Bedingungen, unter welchen die Behauptung des Chlumer Plateaus mit Aussicht auf Erfolg durchzuführen war, dem österreichischen Generalstabe nicht bekannt waren? —

Kehren wir nun wieder zur Beschreibung des oben erwähnten Höhenrückens zurück, welcher den Schlüsselpunkt der österr. Aufstellung bildete, derselbe ist in der unmittelbaren Nähe der Chaussee von Sadowa am schwierigsten zu ersteigen, die Dörfer Lipa und Cistowes bilden für seine, gegen die Bistritz zu terassenförmigen Absenkungen, gleichsam die Vorwerke für die Position am Chlumer Plateau, ebenso bieten die zwischen jenen Dörfern gelegenen Gehölze, dem Vertheidiger vorzügliche Abschnitte dar, welche nur mit beträchtlichen Opfern zu forciren sind. — Auf demselben Hange in mehr nördlicher Richtung auf der Linie Cistowes = Maslowied gelegen, befindet sich der Swipp = Wald, welcher in dieser denkwürdigen Schlacht ungefähr dieselbe Rolle spielte, wie einstens die Brücke von Arcole, das Plateau von Rivoli oder die Höhe von Pratzen in der Schlacht von Austerlitz 2c. 2c. damit wollen wir sagen, daß der Verlust dieses Waldes den Weg auf den Chlumer Höhenrücken frei machte, und somit den Verlust der Schlacht nach sich zog. — Dies wird unfern Leser aus der folgenden Schilderung klar werden. — Der Swipp-Wald, welcher in einer beträchtlichen Ausdehnung sich längs dem linken Ufer der Bistritz hinzieht, beherrscht vermöge seiner günstigen Lage, die ganze zwischen dem Dorf Sadowa und Benatek gelegene Thalstrecke u. z. im Ertrage des Kleingewehrfeuers, während er einmal in Besitz des Feindes gelangt, für dessen Kolonnen eine gedeckte Annäherung bildet, um mit geringen Verlusten auf den Höhenrücken bei Maslowied zu gelangen. — Da nun von diesem Orte aus der Terrain nur sehr sanft gegen Chlum hin sich erhebt, ist auch diese Strecke die günstigste Angriffs-Richtung auf Chlum zu nennen, und mithin gelangt man von dorther am leichtesten in den Besitz des Hauptschlüsselpunktes am Schlachtfelde, d. i. des Chlumer Plateau's. — In der That war auch dieses Gehölz das erste Angriffs-Objekt der preuß. Division Fransecky und der Schauplatz der hartnäckigsten Kämpfe; man wußte preußischer Seits wohl, um was es sich bei demselben handelt, denn kaum in den Besitz desselben gelangt, nahmen die preußischen Kolonnen ihre Marschrichtung gegen Chlum, um durch Eroberung desselben Plateau's die österr. Linie zu durchbrechen und gegen den linken Flügel hin, welcher in der Tiefe stand, aufzurollen.

Der Terrain-Abschnitt des Schlachtfeldes, welcher zwischen der von Horeňowes nach Königgrätz führenden Strasse, und der Elbe gelegen ist, so wie jener südlich der Chaussee von Sadowa befindliche Theil, stellen hingegen ein Flachland dar, von welchem das erstere viele muldenartige Einsenkungen des Bodens und kleinere Gräben durchschneiden, das letztere aber,

Gehölze von mitunter bedeutenden Dimensionen, wie jenes in dem Dreieck Nechanitz, Problus und Tischlawitz gelegene, bedecken. Die Wichtigkeit solcher Waldungen für die neue Taktik schienen die Preußen im Gegensatz zu den Österreichern während dieses Feldzuges überhaupt schneller begriffen zu haben, und allenthalben war ihre Infanterie auch in der Besetzung derselben außerordentlich geschickt und manövrirte darin wie auf ebenen Exercirplätzen; hingegen müssen wir hier wieder mit Verwunderung konstatiren, daß eben bei diesen weitläufigen oben erwähnten Gehölzen, welche für 2 Infanterie-Armee-Corps eine vortreffliche Aufstellung boten, die 1. leichte Cavallerie-Division Stellung genommen hatte, während sie von dem sächsischen und der Infanterie des 8. Armee-Corps in höchst unzureichender Weise bei Prim besetzt waren. Was sollte die Cavallerie bei den Wäldern leisten, wo der Hauptfaktor ihrer Tüchtigkeit — die Bewegung gehemmt ist?

Eine beträchtliche Anzahl von größerer und kleinerer Dörfer (Weiler, welche das Schlachtfeld diesseits der Chlumer Anhöhe bedecken) haben, als von dieser vollkommen übersehen, und zum größten Theile dem beherrschenden Feuer der dort aufgefahrenen Batterien ausgesetzt, heut zu Tage wegen der exorbitanten Wirkung der Hohl- und Brandgeschoße auf Bauten ähnlicher Art, keine militärische Bedeutung, und obschon wie zum Beispiele: Langendorf, Rosbeřitz, Swieti, Wschestar von österreichischen Reserve-Truppen vollgepfropft waren, werden wir doch in unseren Schilderungen der Terrain-Verhältnisse des Schlachtfeldes von einer detaillirten Beschreibung dieser Örtlichkeiten aus der obigen Ursache sowol als der Kürze wegen Umgang nehmen, denn die mangelhafte Vertheidigung aller jener Ortschaften hatte auf den Gang der Schlacht keinen Einfluß mehr nehmen können, dieselbe war entschieden mit der Ankunft des Kronprinzlichen Corps auf der Wahlstatt. — Wir wollen hier nur bemerken, daß verhängnißvoll, wie alle Maßnahmen des Generalstabes der Nord-Armee während jenes Feldzuges auch die Vorliebe für die Besetzung von Ortschaften war, — diese enge zusammengebaut, und leicht entzündbar, weil aus Holz und Stroh fabricirt, liegen bekanntermaßen in Böhmen so wie in Mähren zumeist in Niederungen, Mulden und andern tiefen Stellen; wenn man nun solche Plätze als Vertheidigungs-Objekte wählt und mit Truppen anfüllt, kann man dann nicht leicht der Unordnung und Confusion vorbeugen, welche durch die Inbrandsteckung derselben mittelst feindlicher Geschoße entstehen muß, da begreiflicherweise das Feuer auf den dürren Dächern mit Rapidität um sich greift. — In der That brannten am 3. Juli auch die Dörfer Lippa, Chlum, Maslowied, Problus, Rosberitz, Langenhof, Wscheftar, Prim u. a. m. Die preußischen Truppenführer hingegen suchten mit einer konsequenten Geschicklichkeit immer nur die Wälder für ihre Aufstellungen und Manövrir-Objekte auf, und wurden dadurch, weil diese meistens den Rücken von Anhöhen bedecken, auch immer bald die Herren des jeweiligen Gefechtsfeldes. — Einen Beleg für diese Behauptung liefern nicht nur die Gefechte von Trautenau und Nachod, sondern auch die Thatsache, daß am 3. Juli die 1. Garde-Division der Armee des Kronprinzen, 2 nebeneinanderstehende auffallend hohe Fichten des Swipp-Waldes als Marschdirektions=Objekt erhielten, um sich dort mit der Division Fransecky, welche den Wald bereits erobert hatte, zu vereinigen, — warum dirigirte man selbe nicht gleich nach Chlum? es wäre dieß eine kürzere Angriffslinie gewesen, als durch den Swipp=Wald und Cistowes, — obschon ein gefährlicherer Weg, allein die Preußen wollten einen wohl= feilen Sieg erfechten.

Man kann diese Gepflogenheit des österr. Generalsta= bes in und bei den, in der Tiefe liegenden böhmischen Ortschaften, große Truppenmassen aufzustellen, nicht erwäh= nen, ohne sich unwillkührlich an den geheimnißvollen Flanken= marsch der Nord=Armee von Olmütz gegen die obere Elbe zu erinnern, wobei man in der nutzlosesten Weise die physischen und moralischen Kräfte der Truppen beinahe erschöpfte, und doch dabei ertappt wurde. — Wenn Friedrich der Große von einem kommandirenden Generaln verlangt, daß er gelegen= heitlich den Fuchs, dann wieder den Löwen zu spielen habe, finden wir in der Benedek'schen Taktik nur die Eigenschaft des Straußes imitirt, der den Kopf in den Busch verbirgt, in der Meinung von seinen Feinden nicht gesehen zu werden, dabei aber dann höchst unangenehm überrascht wird. —

Nun wieder zur Beschreibung des Schlachtfeldes, — das= selbe wird von 2 Haupt=Straßen, in der Richtung von Nord= west gegen Südosten u. z. in ziemlich paraleller Richtung durchzogen, wovon die 1. die von Jičin über Sadowa direkt nach Königgrätz führende Chaussee darstellt, während die 2. jene von Miletin über die Dörfer Hořeňowes, Maslowied, Nebělischt nach Lochenitz und daher indirekt ebenfalls nach

Königgrätz führende Landstraße ist, — die übrigen Communicationen gehören größtentheils zur Kathegorie der erhaltenen Landwege, welche am Schlachttage durch gepflegten Regen aufgeweicht, für die Geschütze ziemlich schwierige Passagen bildeten, und in dem Maße, als sie sich der Elbe näherten, für dieselben ganz unpraktikabel wurden; hingegen bot die von Josefstadt, längs dem Eisenbahndamme nach Königgrätz, mithin in den Rücken der Schlachtlinie führende Chaussee sowie der Eisenbahndamm selbst den linken Flügel = Colonnen der Armee des Kronprinzen von Preußen, zwei exakte Anmarschlinien zur Beschleunigung ihres Rückenangriffes. —

Die Elbe, welche unweit des Operationsfeldes der beiden sich bekämpfenden Armeen ihren Ursprung hat, ist in ihrer unmittelbaren Nähe von Königgrätz noch kein so bedeutender Fluß, daß er bei einer andern strategischen Situation der Nord-Armee, als ein bedenkliches Hinderniß für eine freie Rückzugsbewegung angesehen werden konnte, — vorausgesetzt, daß sie hinreichend mit Brücken versehen und diese den, sich schlagenden Corps bekannt sind; ihre Breite beträgt dortselbst nicht über 100 Fuß und kann dieselbe bei trockener Jahreszeit an mehreren Stellen durchwatet werden. — Der Umstand aber, daß das rechte Ufer dieses Flußes und zwar gerade im Rayon des Schlachtfeldes versumpft ist, und die verfrühte Inondation der Festung Königgrätz diese Versumpfung vergrößerte, wodurch die längs derselben führenden Wege ungangbar wurden, mußten für den Fall eines Rückzuges der österreichischen Armee die begründetsten Bedenken erwecken, — namentlich für die Passage der Cavallerie und

Fuhrwerke. — Das linke Ufer hingegen erhebt sich gegen Osten hin zu bedeutenden Anhöhen, von welchen aus sowohl das Flußbeet und das Weichbild von Königgrätz, sowie der südlich dieser Festung bis Opatowitz sich erstreckende rechte Uferrand, in der wirksamsten Kanonenschußweite beherrscht werden kann, eine vortreffliche Position für die österreichische Nord-Armee am 3. Juli, um der fatalen Eröffnung des Feldzuges noch eine glückliche Wendung zu geben; die gehörige Verwerthung der Artillerie, auf welche sich der FZM. Benedek nunmehr besonders verlassen mußte, um die durch die überraschenden Erfolge des Zündnadelgewehres erschütterte Infanterie einestheils zu schonen, fand hier eine eminente Gelegenheit; anderseits wenn in dieser Stellung deren rechte Flanke durch den Adlerfluß, die Front durch die Elbe und die linke Flanke durch die Teiche von Hrabek gedeckt worden wäre, den preußischen Generälen, welche in der Benützung des Terrains zu gedeckten und daher meistens überraschenden Angriffsbewegungen und Aufstellungen ihrer Truppen, eine ostensible Ueberlegenheit gegen die österreichischen Truppenführung in den bereits stattgefundenen Gefechten gezeigt hatten, — alle Gelegenheit benommen, ihre dießfälligen Geschicklichkeiten zu practiciren, um die gefürchtete Wirkung der österreichischen Artillerie zu paralisiren. — Es wurde auch auf diese Maßregel allenthalben in den Bivouaks bei Königgrätz von jenem kleinen Theil der österreichischen Officiere hingewiesen, welche ungeachtet der Benedek'schen Geistes-Despotie sich erkühnten, über die Situation, in der sich damals die Nord-Armee befand, nachzudenken — und in dem wohlbegründeten

Glauben an einen Uebergang derselben auf das linke Elbe=
Ufer, welcher mit Anbruch des 3. Juli begonnen werden werde,
legte man sich auf die grünen Matten der Wahlstatt beruhigt
zum Schlafen nieder; leider traf diese Voraussetzung der
Laien nicht zu, sie ist aber dennoch ein Beweis, daß es an
einer intelligenten Beurtheilung der jeweiligen Verhältnisse
in jener Armee selbst bei dem unberufenen Theile der Officiere
derselben nie gefehlt hat, ungeachtet man damals von Oben
herab als Surrogate für die geistige Thätigkeit, dem Officier
Fechten, Reiten und Schwimmen angelegentlichst zu empfehlen
beliebte; — nun natürlich wenn man solche Schlachtpläne
im Kopfe herumträgt, wie jener vom 3. Juli war, kann
man allerdings die Fertigkeit im Schwimmen nicht genug recom=
mandiren, sie war jedenfalls nothwendiger als das Streben nach
wissenschaftlicher Bildung, um auf das linke Elbe=Ufer zu gelan=
gen, letztere wäre in ihrer Vollendung nur geeignet gewesen, be=
gründete Skrupeln über die Talente des Planmachers zu erwecken.

Eine minder wichtige, eigentlich für den Ausgang
der Schlacht negative Rolle spielte an jenem malheurö=
sen Tage die Festung Königgrätz; von früher her schon
dem allmäligen Verfall anheimgegeben, wurde sie beim Heran=
nahen des Kriegsgewitters in einen nothdürftigen, wegen Man=
gel an Zeit jedoch höchst unvollkommenen Vertheidigungsstand
gesetzt und ebenso mangelhaft armirt. — Die kleine Feste,
welche vermöge ihrer Lage einen Brückenkopf an der Elbe bil=
det, den man aber zu forciren nie nöthig hat, wenn von Nor=
den her gegen Prag und Wien zu operirt werden soll, faßt
kaum 3000 Mann Besatzung, ihre größte Stärke beruht auf

der leicht zu bewerkstelligenden Inondation, von welcher auch am Tage der Schlacht ein sehr unzeitiger Gebrauch gemacht wurde, wodurch auf den Hauptrückzugslinien der Armee, durch das, den Terrain zunächst derselben, überfluthende Wasser eben so viele Defiléen geschaffen worden sind. — Den sonach künstlich vermehrten Schwierigkeiten für den Rückzug der Armee, ist nicht nur der Verlust eines großen Theiles der Bagagen und der Artillerie zuzuschreiben, sondern es war ihnen auch noch besonders zu verdanken, daß die Nord=Armee sich nach der Schlacht in ihre Faktoren auflöste, und dann bunt durcheinander gewürfelt wurde, — erst nach einigen Tagen, d. i. bei Olmütz, konnte sie sich wieder taktisch ordnen. Hiemit schließen wir unsere Betrachtungen über die Terrain= Verhältnisse des Schlachtfeldes; aus unserer vorstehenden Schilderung der Haupt=Elemente desselben ist dessen taktisches Kriterium unserem Leser bereits klar dargelegt, man wird aus derselben erkannt haben, daß die wichtigste Rolle auf jenem die Chlumer Anhöhe mit dem Swipp=Gehölz spielte und für die Entscheidung des Kampfes den Ausschlag gab, sowie die 3 Haupt=Communicationen, die Straße von Sadowa, Hořeňowes und Smiřic=Josefstadt, in ihren konvergirenden Rich= tungen und die versumpfte Elbe mit den unsichtbaren Brücken für den Rückzug der österreichischen Nord=Armee die verderb= lichsten taktischen Consequenzen nach sich ziehen mußten — ganz abgesehen davon, daß dieselbe sich in einer Flanken= stellung bei Königgrätz schlug, wodurch sie sich auch einer jeden strategischen Bewegungs=Freiheit nach dem Verlust der Schlacht freiwillig begab und nur durch eine fluchtähnliche

Rückzugs-Geschwindigkeit während der Nacht vom 3. zum 4. Juli der Katastrophe entgehen konnte, zwischen der siegenden feindlichen Armee und dem Feindeslande eingekeilt, eine Capitulation eingehen zu müssen. — Sollte denn Niemand im österreichischen Hauptquartier sich bei der Wahl der Königgrätzer Stellung an die Schlacht von Jena 1806 und jene von Vittoria 1813 erinnert haben, wo die preußische und französische Armee in einer Flankenverstellung ein gleiches Los traf, wie jenes der Nord-Armee 1866 war?

Nachdem Erzherzog Carl von Oesterreich in seinem militärischen Nachlaß erwähnt, daß die österreichischen Feldherrn im Feldzuge 1800 durch die Beziehung von solchen Flankenstellungen (was soviel heißt, als seine Hauptrückzugslinie in die Verlängerung eines Flügels der Schlachtlinie bringen, und sie somit dem Feinde bei einer Niederlage Preis zu geben) dreimal das Heil ihrer Armeen und mithin auch des Staates aufs Spiel setzten, kann man sich nicht genug über diese verhängnißvolle Spielmanie in Verwunderungen ergehen, da sie 66 Jahre später bei Königgrätz eine 4. Wiederholung erlebte.

Von detaillirter Berichterstattung über verschiedene Einzelheiten des Kampfplatzes und seiner Objekte, namentlich der Festung Königgrätz wünschen wir vom Leser in Gnaden enthoben zu werden, dieselbe würde uns ebenso von dem vorhabenden Ziele: eine Charakteristik der Schlacht zu liefern, entfernen, als in unwesentliche Weitschweifigkeiten vertiefen, die für die Durchführung und den Ausgang der Schlacht ganz ohne Belang sind. — Die sogenannten berufenen Kriegshistoriker lassen es in der Regel an solchen langgezogenen Terrainbeschreibungen nicht fehlen, denn sie haben zumeist ein Bedürfniß für unerklärliche Facten eine erklärliche Ursache zu finden, und da bieten denn oft die, einem minder eingeweihten Publikum aufgetischten gelehrten Raboterien, über die Beschaffenheit der Wege, der Eigenthümlichkeit einer Ortschaft, oder sonst der Malice eines Zufalles wie der Nebel bei Chlum geeignete Auskunftsmitteln, wir perhorresciren jedoch derlei Zufälligkeiten, welche Schlachten entscheiden sollen, vollkommen, und erklären sie für einen simplen Betrug an der Oeffentlichkeit, Fälschung der Wahrheit ꝛc. ꝛc. Wir werden in unserer Erzählung der Begebenheiten am 3. Juli es unsern Lesern möglichst verdeutlichen, daß in erster Linie milde ausgedrückt: Versündigung am gesunden Menschen-Verstand und in zweiter die totale Nichtbeachtung taktischer und moralischer Elemente zu jener unheilvollen Niederlage geführt haben.

Zur Stimmung in der Armee am Vorabende der Schlacht.

Unter den, noch im Lager von Olmütz der Nord-Armee publicirten endlosen, alle Details des Dienst-Reglements und der Adjustirungs-Vorschrift erschöpfenden Verordnungen des Armee-Commandanten, womit er die 6 wöchentliche Frist bis zu dem Augenblick zubrachte, wo ihm die Gelegenheit wurde, sein Feldherren-Genie erglänzen zu lassen, waren jene über die Befugnisse des General-Gewaltigen besonders accentuirt. Der F.-Z.-M. gefiel sich darin mit der ihm eigenthümlichen Frivolität, diese Charge (welcher im Kriege die Beaufsichtigung der Marsch- und Lager-Disciplin obliegt, daher sie doch meistens nur für gemeine Excedenten creirt wird) als eine Art Popanz, der von einem echt kriegerischen Geist beseelten Armee hinzustellen und welche auch in Bezug der Disciplin keinem europäischen Heere nachsteht. — Es wurden durch drei Tage hinter einander alle jene Verbrechen und Vergehen der Armee publizirt, bei welchen der General-Gewaltige sofort einzuschreiten hat, die Generäle und selbstständigen Truppen-Commandanten waren in gewissen Fällen von seiner Autorität abhängig, die geringfügigsten Verstöße gegen die erlassenen Armee-Befehle von Seite der Mannschaft, hat der Truppencommandant persönlich zu verantworten, dem General-Gewaltigen obliegt es, diese Abweichungen zu konstatiren; solcher Gestalt war der Wirkungskreis des letztern grenzenlos, seine Amts-Verrichtung hing wie ein Damoklesschwert über den Häuptern der, ohnehin an haarspalterische Befolgung höherer Anordnungen gewohnten Stabsoffiziere, — jeder fühlte die eiserne Faust, des, wegen seiner Rücksichtslosigkeit in der Behandlung der untergebenen — namentlich höhern Offiziere, bekannten Armee-Commandanten, im Nacken, sobald nur ein Mann irgend eines Bedürfnisses wegen während des Marsches zurückblieb, oder seiner Comodität wegen die Halsbinde herab nahm, — er durfte sie nur lockern!! — Die im Kriege so nothwendige Selbstständigkeit der Truppencommandanten, die Seele aller hervorragenden Waffenthaten, wurde besonders durch obenerwähnten Armee-Befehle mit Stumpf und Stiel ausgerottet, und an deren Stelle eine mit ängstlicher Gewissenhaftigkeit, die oft räthselhaft klingenden Anordnungen exekutirende, marionnettenartige Thätigkeit gebracht. — Hingegen wurden durch diese taktlosen Drohungen mit den außerordentlichen Befugnissen des Armee-Gewaltigen, bei den untern Offiziersgraden jenes feinere Ehr- und militärische Selbstgefühl empfindlich verletzt, welches ihren ehrenvollen Stand charakterisiren soll denn bekannterweise pflegt der Offizier aller europäischen

Armeen gewohnheitsmäßig das Ehrgefühl und nicht die nach=
richterlichen Funktionen des Grand=Profoßen als die Haupt=
triebfeder zur Erfüllung seiner aufopfernden Berufspflichten
anzuerkennen. Bei der österreichischen Armee, deren ganze
ruhmvolle Vergangenheit eben darin besteht, daß sie mit sel=
tenen Ausnahmen, unter meist ungeschickter und mattherziger
Führung (gleich der Nord=Armee) durch ihren ungewöhnlichen
moralischen Gehalt, — immer ihre Waffenehre aufrecht zu
erhalten gewußt hat, — bedurfte es wahrlich jener bra=
marbasirenden Promemoria von Stand= und Kriegsrechtlichen
Abstrafungen aller Sorten nicht, um ihren Todes=Muth noch
mehr zu entflammen. — Anderseits hatte man bei den Truppen
der Nord=Armee, durch die bis zum 1. Juli vorgefallenen
Gefechte, allenthalben die Ueberzeugung gewonnen, daß die
Preußen besser zu manövriren verstehen, und die österreichische
Taktik mit den unvermeidlichen Divisonsmassenlinien, und
ihren obligaten Bajonett=Angriffen als ultima ratio mili=
tärischer Scharfsinnigkeit, an dem Schnellfeuer des Zündnadel=
gewehres zu Schanden werden wird; die gelinde Desperation,
welche man im österreichischen Hauptquartier über das Versagen
eines Auskunftsmittels gegen das Schnellschießen empfand,
theilte sich allmälig auch der Armee mit, als die Anordnung
des Feldherrn an die Generale publik wurde: „Von nun an
der Artillerie die Haupt=Angriffsrollen zu übertragen, und
die Infanterie nicht früher vorrücken zu lassen, bis nicht der
Feind vollkommen durch das Geschützfeuer erschüttert sei;"
diesen Moment richtig zu erfassen, war dann eben dem Scharf=
sinn jener Generäle überlassen, — welche mit der Idee von

der unwiderstehlichen Kraft der Bajonette groß gezogen wurden, — eine jedenfalls sehr subtile Mission, für an gröbere Arbeit gewöhnte Köpfe. Wenn man nun auf das unbehagliche Gefühl reflektirt, welches die oben erwähnten zahlreichen Armee-Befehle über die Dienstesfunktionen der Unterärzte, Korporale, Wagenmeister, Profoßen, Tränsoldaten, bei dem intelligenten Theil des Offiziers-Corps der Armee hervorriefen, sowie die cynische Hinweisung auf die außerordentlichen Vollmachten des Grand-Profoßen, die gleich einem moralischen Haselstock auf den Officier zu wirken bestimmt war und auch die Essigmutter für jene unerhörten Rohheiten bildete, in deren sich einige Generäle gegen Untergebene ergingen, berücksichtigt; so kann man nach dem Bekanntwerden der Niederlagen von 5 Armee-Corps, das ist $2/3$ der ganzen Armee, noch bevor es zur Entscheidungs-Schlacht kam, füglich mit Grund behaupten, daß das Vertrauen zur höheren Führung schon am 1. Juli bei der Armee erschüttert, vollends aber verloren ging, als die, am 3. Juli Morgens getroffenen Anstalten, die Absicht des Feld-Z.-M. Benedek unbezweifelbar konstatirten, die Schlacht am rechten Elbe-Ufer anzunehmen.

Die sanguinischen Erwartungen von dem geheimen Plan, schwanden sofort dahin, und machten einer bitteren Enttäuschung Platz. —

Ebenso waren die Erfahrungen, welche man in taktischer Hinsicht in den partiellen Gefechten machte, nicht geeignet, das Vertrauen zu der eigenen Waffe und der untergeordneten Anführung zu befestigen.

Diese thatsächliche Stimmung der österr. Truppen vor der Entscheidungs-Schlacht muß hier als ein, für den Ausgang derselben negatives Element regiſtrirt werden, denn bekannterweise wirkte diese bei allen Armeen der Welt, seit dem man Kriege führt, als ein positiver Faktor der Kriegstüchtigkeit mit, welchem alle Feldherrn immer gewissenhaft Rechnung getragen haben, — nicht so der Commandant der Nord-Armee, — er kümmerte sich vielleicht um diese Dinge weniger als um die Kamaschenstrupfen und wollte Alles, nur nicht den Glauben an sein Glück verlieren.

Übrigens war die Hoffnung auf einen möglichen Sieg über die preußische Haupt-Armee noch immer nicht aus dem Lager der Nord-Armee ganz geschwunden, man hielt dafür, daß ein gegen die Armee des Prinzen Friedrich Carl mit Überlegenheit gerichteter Offensiv-Stoß, während man dem Corps des Kronprinzen durch die Masse der Cavallerie hinhaltende Gefechte lieferte, noch das Blatt wenden könnte; aus der ursprünglichen Aufstellung der Armee-Corps und Cavallerie-Divisionen ließ sich auch auf eine ähnliche Absicht schließen, — erst der Morgen des 3. Juli, wo dieselbe unbegreiflicherweise geändert wurde, brachte allen denkenden Offizieren jene unangenehme Enttäuschung! —

Ungeachtet dessen war jeder Einzelne von dem Ernst der Lage durchdrungen und entschlossen, mit Aufbietung des letzten Blutstropfen den alten Waffenruhm der Armee aufrecht zu erhalten; bei der Mannschaft wirkte zu der moralischen Stärkung noch die endlich stattgefundene Austheilung der Etappenportionen mit, so daß der während des 8 tägigen Flankenmarſches von Olmütz an die obere Elbe ſyſtematiſch betriebenen Aushungerung der Armee, welche die Truppen zu einer längeren Ausdauer im Gefechte beinahe untauglich machte, in ihren weiteren Folgeübeln Einhalt gethan wurde. — Die durch die Mantelbekleidung bei 35 Wärmegraden hervorgerufenen unnatürlichen Ausſchwitzungen machten die Soldaten mumienartig vertrocknen, daß ſie ſelbſt für ihre Umgebung oft unkenntlich wurden, deßhalb war die Aufrichtung derſelben durch Wein um ſo nöthiger, damit eine Regeneration der Kräfte eintrete; der ſanfte Regen, welcher am 3. Juli auf die Häupter der ſich ſchlagenden Truppen niederträufelte, that das übrige zur Erfriſchung der ſchlaffen Muskeln — und unwillkührlich erinnerte man ſich da an die engliſchen Truppen in den oſtindiſchen Kolonien, welche kurz vor dem Kampf zur Auffriſchung des durch die glühenden Sonnenſtrahlen welk gewordenen Körpers, ſich mit Waſſer begießen laſſen. —

In der That zogen auch am 3. Juli die öſterr. Bataillone ſingend und jubelnd dem Feinde entgegen, — man merkte an ihnen nichts mehr von jener Hunger-Melancholie, welche ihre Gemüther in den Tagen von Trautenau, Nachod und Skalitz beherrſchte, es ſind eben zähe Burſchen dieſe Oeſterreicher, die man nur nicht faſten und beten laſſen, und ſtatt der Gloire den Grand-Profoßen in's Gedächtniß rufen ſoll, wenn man mit ihnen Schlachten gewinnen will. —

Wir wollen zwar damit nicht die militäriſchen Kunſtgriffe der Franzoſen, um ihre Truppen mit kriegeriſcher Begeiſterung zu erfüllen, als nachahmungswürdige Beiſpiele für die Oesterreicher empfehlen, immerhin aber waren die Instruktionen des Kaisers Napoleon kurz vor dem Beginne der Operationen des allirten Heeres im Jahre 1859, an seine Generäle, welche: „Die Terrain-Verhältnisse des Kriegstheaters, und die demselben entsprechende Marschordnung und taktische Formationen" berührte, sowie die Proklamation an die Soldaten, „in welcher er die Befürchtung ausspricht, daß sie (die Soldaten nämlich) zu ungestümm vorwärts drängen und dadurch ihre taktische Ordnung beeinträchtigen werden, weßhalb er sie zur Züglung ihres wilden Muthes ermahnte", — zeitgemäßer und geschickter angewendet, als Benedek's endlose Armee-Befehle über Adjustirungslappalien und Empfangs-Variationen bei seinen Inspicirungsreisen, dann der Androhungen, von Grand-Profoßlichen Züchtigungen für Nachzügler und Marodeure.

Dadurch erhielt der in der österr. Armee notorische Visitirungseifer der Generäle nur eine neue unheilvolle Nahrung, und die Truppen wurden halbe Tage lang mit Proprietäten-Visitirungen heimgesucht, bei welchen namentlich das Zahnbürstl, Rasierzeug und die Kamaschen-Reservestrupfen sich einer besonderen Vigilanz erfreuten. — Der Feld-Zeug-Ml. Benedek behauptete in eindringlichster Weise: daß die eifrige Besorgung ähnlicher Detail-Visiten das Kriterium für die Tüchtigkeit des Generalen abgebe, — was natürlich allseitig geglaubt wurde. — Man hatte sich aber bei der österreichischen Heeresleitung damals noch nicht auf jener Höhe der

Beurtheilung disciplinarischer Angelegenheiten befunden, um einzusehen, daß die bei der Mannschaft, häufiger vielleicht, als bei anderen europäischen Armeen, vorkommenden kleinen Liederlichkeiten in Betreff der Instandhaltung der Armatur, Montur und Putz-Effekten, nur dem Umstande zuzuschreiben sind, daß die konskriptionspflichtigen Jünglinge in Oesterreich noch auf einer Civilisationsstufe stehen, auf welcher nach Humbold, zu wenig Seife konsumirt wird. Die Deutschen allein machen hievon manchmal eine ehrenwerthe Ausnahme.

Diese Verhältnisse machen es aber auch nothwendig, daß der Truppen-Offizier bei dem ungelehrigen und zum Theile an äußerliche Vernachlässigungen aller Art gewöhnten Mann, eine Art Bon-Dienst zu verrichten hat, wobei er von den meist indolenten Unteroffizieren nur flau unterstützt wird. Das leidige „Paradiren" aber, welches im österreichischen Heere tradizionell über die kriegsmäßige Ausbildung der Truppen gestellt zu werden pflegt, ist unter dem Regime Benedek's bekannterweise auf eine noch nie erreichte Höhe gestiegen; die demnach eingewurzelte Gewohnheit, die Schlagfertigkeit und militärische Tüchtigkeit derselben, nach dem proprem Exterieur und der strammen, — gravitätischen Haltung beim „Richten und Defiliren" zu beurtheilen, führte natürlich zu einem höchst einseitigen inneren Dienstbetrieb, der bei der notorischen Ungelehrigkeit und Gleichgiltigkeit des gemeinen Soldaten, für den äußerlichen Glanz, den Truppen-Offizier in dieser Richtung ausschließlich in Anspruch nahm, während er anderen wichtigeren Dienstzweigen weniger Aufmerksamkeit zu widmen nöthig hatte, — traf ihn denn doch nur für ersteren die strengste Verantwortlichkeit. — Wenn man nun berücksichtigt, daß jener einseitige Dienstbetrieb sich in dem Bestreben concentrirt, den neu konskribirten meist dem Bauernstande angehörigen Mann, binnen wenigen Monaten auf eine höhere Kulturstufe zu stellen, als er sich Zeit seines Lebens befunden hat, und ihm z. B. den Gebrauch des Zahnbürst'ls in apodiktischer Weise (wenn nicht anders, also a posteriori) beizubringen, — und daß das fortschrittsfeindliche Concordat die österr. Volks-Erziehung in erster Linie beeinflußt, daher die tiefe Civilisations-Stufe verschuldet, welche den einseitigen Dienstbetrieb im Heere zunächst veranlaßt, — so hat die öffentliche Meinung eben nicht Unrecht, dasselbe als einen Haupt-Mitschuldigen an der Niederlage von Königgrätz in den Anklagestand zu versetzen. —

Seit wir uns zu erinnern vermögen, wurde in der österr. Armee, nebst dem Richten und Defiliren, was einen Maßstab für die taktische Ausbildung der Truppen abgeben soll, mit dem Putzen, Schneidern, Flicken und Schustern ein besonderer Cultus getrieben, — was Wunder dann, wenn der Armee-Commandant sich als hoher Priester desselben gerirt, und die unteroffizierlichen Dienstes-Verrichtungen mehr bevormundet, als die Sieg oder Niederlage entscheidenden Geschäfte der Operations-Kanzlei.

Die Qualifikation in der Handhabung jenes obenberührten einseitigen Dienstbetriebes, welche ganz abnorme Disciplinar-Verhältnisse bedingen, — und nicht die militärische Tüchtigkeit war es, welche bis zum Erscheinen des neuen

Avancements-Gesetzes und der Intelligenz-Brutanstalten, in den Truppenkörpern a v a n c i r t e, p r o t e g i r t e und p e n s i o -
n i r t e. — Die in den Conduitlisten der Offiziere enthal=
tene Rubrik „D i e n s t e i f e r und A p p l i c a t i o n" ist der
Grabmesser für die Eignung zu jenen mechanischen Dienstes=
obliegenheiten, die mit geistiger Beschränktheit Hand in Hand
gehen — und den Untergebenen immer einer willkürlichen
Beurtheilung Seitens seiner Vorgesetzten Preis geben. —

Dieser Übelstände war sich die Armee wohl immer be=
wußt, und die Überzeugung von ihren, für den wahren Kriegs=
Dienst nachtheiligen Folgen, hatte sich allenthalben in den Ge=
müthern der Offiziere tief eingefressen, — man kann somit
diese auch als einen für die Kriegstüchtigkeit der österr. Ar=
mee negativen Factor mit in Anschlag bringen; denn durch sie
wurde namentlich das Vertrauen in den eigenen milit. Werth
lahm gelegt, und an die Stelle desselben jene apathische Re=
signation gebracht, der man unwillführlich zum Opfer fällt,
wenn man in gefahrvollen militärischen Situationen von ver=
kümmerter Talentlosigkeit befehligt wird.

Die Schlacht.

Wir haben bereits in der Beschreibung des Schlachtfeldes darauf hingewiesen, daß die Nord=Armee sich bei König= grätz in einer Flankenstellung schlug, bei welcher man gewöhn= lich nebst der Schlacht auch die Rückzugslinie zu verlieren pflegt; — der im Rücken der Armee gelegene Elbefluß mußte natürlich nur dazu beitragen, die Rückzugs=Verlegenheiten zu vergrößern, — besonders beßhalb, weil den sich schlagenden Truppen die Brückenübergänge unbekannt blieben und wäh= rend des Rückzuges selbst erst eruirt werden mußten. — Ab= gesehen von dieser gewagten Position, welche Armee und Staat auf einen Wurf setzte, weiß unser Leser auch aus der vorerwähnten Beschreibung, daß die Terrain=Verhältnisse des Schlachtfeldes selbst nichts weniger als geeignet waren, die Ueberlegenheit des Zündnadelgewehres auszugleichen und das gesunkene Vertrauen zu der Führung der Armee wieder auf= zurichten, — er weiß ferner, daß das Schlachtfeld von den preußischen Anmarschlinien vollends eingeschlossen war, statt dieselben selbst mit concentrischen Feuerlinien zu umfassen, daß es mit Ausnahme des zwischen Chlum, Lippa und Maslowieb gelegenen Abschnittes fast an allen andern Stellen den vorliegenden Terrain nicht beherrscht hat, sondern theilweise von selbem beherrscht worden ist, daß es ohne der entsprechenden Tiefe für die zahlreiche Armee, ohne Stützen für die Flügel derselben, ohne wesentliche fortifikatorische Verstärkungsmittel, — hingegen im Rücken, von schwierigen Defiléen durchschnitten war, welche bei einem ebenfalls nöthig werdenden Rückzuge (der jedenfalls näher als der Sieg lag) eine mißliche Katastrophe für die Besiegten voraussehen ließen. — Nun wollen wir denselben auch mit der Art und Weise vertraut machen, wie die Truppenkörper der Nord-Armee in dieser in jeder Hinsicht gewagten Stellung für die Entscheidungsschlacht vorbereitet, oder besser gesagt, durch dieselbe überrascht worden sind. —

Von den in der Stellung zwischen Salney und Daubrawitz am 30. Juni concentrirt gewesenen 6 Infanterie, 3 schweren und 1 leichten Cavallerie-Corps nebst der Armee-Geschütz-Reserve, wurden am 1. Juli das 2., 4. und 8. Infanterie-Armee-Corps, die 2. leichte Cavallerie-Division, dann 2 schwere Reserve-Cavallerie-Divisionen, sowie die Armee-Geschütz-Reserve von 16 Batterien in dem Dreieck von Nedelischt, Sendraschitz und Lochenitz aufgestellt und hatten gegen Norden, also gegen den vermutheten Anmarsch der Armee des Kronprinzen, welchen man zwischen Königinhof und Grablitz an der oberen Elbe am 29. und 30. Juni ungestört sich concentriren ließ, — Front gemacht und verblieben in dieser Stellung bis zum Morgen des 3. Juli. —

Das 3. Infanterie-Armee-Corps und die 3. schwere Cavallerie-Division befanden sich am 2. Juli en cheval der Chaussee von Sadowa in der Höhe von Lippa, das 6. Infanterie-Armee-Corps bei Roberitz, das 10. bei Sadowa und Mokrowaus, das 1. Armee-Corps, so wie die 1. leichte Cavallerie-Division in der unmittelbaren Nähe von Königgrätz im Bivouak, während die Sachsen bei Problus und Nechanitz lagerten. —

Diese Aufstellung des Gros der Nord-Armee zwischen Nebelischt und Sendraschitz beweist nichts anderes, als daß der österreichische Feldherr auf einen Angriff der kronprinzlichen Armee von jener Seite her mit Zuversicht rechnete, und daß er diese, für die Hauptmacht der preußischen Armee hielt. Diese falsche Voraussetzung wird ferner durch die Procedur mit dem Generalen der Cavallerie, Grafen Clam Gallas konstatirt, welchen er (der FZM. Benedek nämlich) für stark genug hielt, um die Armee des Prinzen Friedrich Karl und jene des Generals Herwarth v. Bittenfeld, welche zusammen eine Streitmacht von ungefähr 200.000 Mann ausmachten, zu schlagen, — während er selbst mit seiner gewiß 160.000 Combattanten zählenden Hauptmacht, die um die Hälfte schwächere Armee des Kronprinzen nicht zu besiegen verstand. — Da der General Graf Clam-Gallas in einer höchst ungünstigen strategischen Situation sein im Ganzen etwa 50.000 Mann zählendes Corps gegen die Eventualität zu schützen hatte: von dem Gros der Nord-Armee durch die 1. preußische

Armee abgeschnitten und gegen Prag geworfen zu werden, wenn ihm nicht die preußische Elbe-Armee mittlerweile dahin den Weg verrannte und zur Capitulation zwang, — so muß man im Ganzen das Glück bewundern, welches ihn bei dem Rückzuge nach Königgrätz begünstigte. Dessenungeachtet forderte FZM. Benedek telegraphisch seine Absetzung und übertrug das Commando über das 1. Armee-Corps an den Generalen Grafen Gondrecourt, dies legt die Thatsache ziemlich klar, daß er keine Ahnung von der Stärke der preußischen Colonnen gehabt hat, deren kombinirten Operationen das Clam'sche Corps unterlegen war, und deßhalb auch noch am 2. Juli den Anmarschlinien derselben mit dem Gros seiner Armee bei Nebelischt und Concurrenz den Rücken zugewendet hatte. —

Als am 3. Juli Morgens um beiläufig 7 1/2 Uhr der erste Kanonenschuß an der Bistritz abgefeuert und damit die beginnende Schlacht signalisirt wurde, war man im österreichischen Hauptquartier eben noch nicht über die Absichten des Feindes im Reinen: die Armee-Corps verblieben noch lange in ihren ursprünglichen Aufstellungen und waren über ihre Rollen noch nicht instruirt, erst gegen 1/2 9 Uhr, also 2 Stunden später, nachdem die preußischen Vortruppen der Division Fransecky und Horn bereits die Bistritz überschritten und die österr. Vorpostenlinie zurückgedrängt hatten, schien dem Feld-Z.-M. Benedek ein Angriff der preußischer Haupt-Armee von jener Seite her, als eine unbezweifelbare Gewißheit, — und sofort begann es sich zu jener Zeit auch in den Bivouac's bei

Nebelischt und Königgrätz zu regen, — die Armee-Corps nahmen nunmehr folgende neue Aufstellungen: — Das vierte Armee-Corps marschirte links in der Richtung gegen Maslowieb ab, und entwickelte sich vorwärts, b. i. westlich dieses Ortes in Schlachtlinie, um den Swipp-Wald zu besetzen. — Das zweite Armee-Corps, welches schon früher angewiesen war, an den rechten Flügel des vierten Armee-Corps anzuschließen, folgte dieser Bewegung und nahm mit zwei Brigaden zwischen Maslowieb und Hořenowes Position, während die anderen zwei Brigaden den, in der Richtung von Ratschitz, gegen die Trotinka abgebogenen äußersten rechten Flügel der Schlachlinie bildeten, welcher durch die zweite leichte Cavallerie-Division bedorbirt wurde. — Ob das vierte Armee-Corps-Commando den Befehl zu dieser Linksschwenkung erhalten hat, oder ob diese auf die eigene Verantwortung des Corps-Commandanten hin ausgeführt wurde, bleibt, bis eine officielle Aufklärung darüber erfolgt, ein Geheimniß; — wir für unseren Theil glauben das Letztere, denn es war für das vierte Corps die höchste Zeit aus seiner Passivität herauszutreten, um die, seine Vorpostenlinie bildende Brigade Brandenstein, welche bis zu jener Zeit schon gegen Maslowieb zurückgedrängt war, zu unterstützen und das Gefecht zum Stehen zu bringen, denn sonst würden die Preußen, (Division Fransekh) sich dieses letzteren Ortes schon um $^1/_2$10 Uhr Früh statt um 1 Uhr Nachmittag bemächtigt, und damit die österreichische Armee in zwei Theile getrennt haben, welche sich am rechten Elbe-Ufer nicht mehr vereinigen konnten. — Der geneigte Leser weiß noch, aus unserer Terrainbeschreibung, welchen Werth die Höhe, auf welcher das Dorf Maslowied liegt, für die Behauptung der Stellung bei Chlum hat, die von dort aus ebenso leicht zu nehmen ist, als man auch von dort aus die bei Nebelischt befindlichen Truppen, unter ein beherrschendes Feuer bringen, und die etwaige Wiedereroberung jenes Plateaus, durch das Zündnadelgewehr ebenso zu vereiteln in der Lage ist, wie jenes von Chlum Nachmittag 4 Uhr vereitelt wurde.

Man kann also dreist behaupten, daß die Schlacht schon im Laufe des Vormittags zum Nachtheil der österreichischen Armee entschieden worden wäre, wenn Maslowied in der Preußen Hände fiel. —

Sowie das vierte, marschirte auch das achte Armee-Corps von Nebelischt, jedoch nach rückwärts ab, um am linken Flügel der Sachsen beim Ober- und Nieder-Prim in die nunmehr gegen Westen gewendete Gefechtsfront zu rücken. Eben so machten es die zwei schweren Cavallerie-Divisionen und die Armee-Geschütz-Reserve, die ersteren nahmen eine Aufstellung en cheval der Chaussee von Sadowa in der Höhe von Wscheftar, die letztere nahm ihre Marschrichtung direkt gegen Chlum und massirte ihre 16 Batterien auf dem dortigen Plateau. —

Das erste Armee-Corps rückte aus seinem Lager in der Prager Vorstadt bei Königgrätz, auf der Strasse nach Sadowa, bis in die Höhe von Rosberitz vor, und nahm dort, südlich der Chaussee als Reserve, Stellung.

Die erste leichte Cavallerie-Division setzte sich über Stösser gegen Tischlawitz in Marsch, um dort den äußersten linken Flügel der Schlachtlinie der Nord-Armee zu bilden. — Wir sehen sonach dieselbe eine mehr oder weniger lose zusammenhängende Linie, in der Länge von mehr als zwei deutschen Meilen okkupiren, deren Flügel ohne taktische Stützpunkte waren, und die nur in der Mitte, das ist, bei Chlum-Rosberitz eine genügende Consistenz der Treffen gehabt hatte, um gegen eine Durchbrechung sicher zu sein, und ge= rade dort sollte sie durchbrochen werden. —

Durch die eben beschriebene plötzliche Aenderung der ursprünglichen Aufstellung, welche viele Kreuz= und Quer= Märsche auf durch Regen erweichten Wegen nöthig machte, gelangten die verschiedenen Corps erst im Laufe des Vormit= tags an ihre neuen Bestimmungsorte, und diejenigen, wie zum Beispiel das vierte und zweite Armee=Corps, welche während ihrer Entwicklungs=Manöver gleich ins Gefecht ge= zogen wurden, hatten eben auch keine Gelegenheit um Re= kognoscirungs=Studien auf dem Gefechtsfelde zu machen, sie kämpften daher eben dort, wo sie die Preußen trafen mit vollkommener Terrain=Unkenntniß. — Was dem= nach der preußische officielle Schlachtbericht über die markirten Distanzen und künstlichen Verstärkungs=Mittel des Schlachtfeldes erzählt, ist mehr oder weniger gute Mähr, zudem Zwe= cke ersonnen, um die Schwierigkeiten des Fron= tal=Angriffes darzuthun; — wer wird sich auch mit Bajonett=Angriffen abmühen, wenn man

4

durch einen Rücken-Angriff unblutiger zum Ziele kommt. — Die paar Verhaue an den Gehölzen längs der Bistritz dienten speciell zum Schutze der österreichischen Vorposten; wenn es schwierig zu nehmende fortifikatorische Objekte gewesen wären, würden die preußischen Vortruppen nicht beim ersten Anlauf in den Swipp-Wald eingedrungen sein, woraus sie dann durch die Brigaden des vierten und zweiten Corps theilweise gegen 10½ Uhr wieder verdrängt wurden. —

Auf der zweiten Haupt-Anmarschlinie der preußischen Armee, das ist im Centrum und auf dem rechten Flügel der österr. Linie entbrannte zuerst der heftigste Kampf, welcher von Seite der Preußen keinen anderen Zweck gehabt haben mag, als sich der Dörfer Maslowieb, Chlum und damit des, den Schlüsselpunkt des Schlachtfeldes bildenden Höhenrückens zu bemächtigen, der Weg dahin führt zunächst durch den Swipp-Wald, und dort war es eben, wo am meisten Blut floß, — oder meint man etwa, der preußische Generalstab hätte keine solche Terrain-Kenntniß von Hause aus mitgebracht? Nun die ganze Feldzugs-Episode in Böhmen belehrt uns hierüber eines Besseren, und wir haben hier zur Bekräftigung unserer Ansicht nur anzuführen, daß die erste Garde-Division von der Armee des Kronprinzen den Swipp-Wald als Marsch-Direktions-Objekt erhielt. — Gegen 10½ Uhr verbreitete sich das Gefecht allmälig auch gegen den linken Flügel, wo die preußische Elbe-Armee über Nechanitz, woselbst sie die sächsischen Vorposten zurückdrängte, gegen Problus und Prim, der Position des sächsischen und österreichischen achten Armee-Corps vorrückte. Wir wollen uns deshalb vorläufig nur mit jenen Kämpfen im Centrum und am rechten Flügel der österr. Stellung befassen, welche die Haupt-Aktion des Tages bildeten, und dann jener des linken Flügels gedenken, welche für den Ausgang der Schlacht nur eine sekundäre Bedeutung erhalten können. —

Als die Vorrückung der preußischen ersten Armee über die Bistritz erfolgte, zogen sich die Vorposten der Brigade Knebl des zehnten von Sadowa, die der Brigade Appiano des dritten von Čistowes und dem Swipp-Wald, die der Brigade Brandenstein aus eben diesem Wald und Benatek auf ihre Haupttruppen zurück, und es mochte ungefähr $9\frac{1}{2}$ Uhr gewesen sein, als diese, sowohl als die übrigen Brigaden des zehnten, dritten, vierten und zweiten Armee-Corps mit ihren obligaten Geschütz-Reserven an der Linie der Bistritz successive in das Gefecht eingriffen, und von diesem Moment an begann erst der entscheidende Kampf, welcher wie wir wissen bis ein Uhr Nachmittag auf allen Punkten zum Nachtheil der Preußen ausfiel. —

Die preußische Division Horn kämpfte um den Besitz des Wäldchens von Sadowa gegen die Brigade Knebl und das zweite preußische Armee-Corps um den westlichen Rand des Swipp-Waldes anfangs gegen einen Theil der Brigade Appiano des dritten und später Pöckh und Fleischhacker des vierten Armee-Corps, die preußische Division Fransecky um den Besitz des nördlichen Theiles vom Swipp-Walde und der Straße nach Maslowied, anfangs gegen die Brigade Brandenstein und später

4*

gegen die Brigaden Tom und Würtemberg des zweiten Armee-Corps, was so ziemlich gleiche Kräfte waren. — Als das dritte preußische Armee-Corps (der Reserve) ebenfalls um beiläufig 12 Uhr die Bistritz überschritt, waren in der Position Chlum-Maslowied bereits alle Brigaden des dritten, vierten und zwei des zwölften Armee-Corps nebst beiläufig dreihundert Geschützen in der Action, — ihren Rückhalt bildeten in nächster Nähe die Armee-Geschütz-Reserve auf dem Plateau von Chlum und das erste und sechste Armee-Corps am östlichen Fuße dieses Plateau's, — wo war da für die Armee des Prinzen Friedrich Carl noch ein Erfolg möglich, sie war nicht im Stande, sich bleibend in den Besitz des Swipp-Waldes zu bringen, und konnte nur mit beträchtlichen Verlusten mühsam ihre Stellungen am linken Ufer der Bistritz behaupten; — ebenso wenig war durch die Elbe-Armee bis zu jener Stunde ein wesentlicher Erfolg erreicht worden, die Sachsen hielten ihre Positionen bei Problus und Nieder-Prim gegen die, numerisch durchaus nicht überlegenen preußischen Colonnen; — dennoch konnte man bei solcher Sachlage im preußischen Hauptquartier auch nichts Besseres beschließen, als den Rückzug über die Bistritz, welcher in der That auch beschlossen gewesen zu sein scheint, da das preußische Feuer allmählig verstummte, und das dritte Armee-Corps der Reserve durch seine Vorrückung die decimirten Truppen des preußischen zweiten Armee-Corps und der Division Horn aufzunehmen bestimmt war; — alle anderen Ursachen sind für die Verwendung dieser letzten intakt gebliebenen preußischen Infanterie-Corps wohl nicht stichhältig; — die österreichisch-sächsische Armee hatte demnach der ganzen Front entlang gesiegt und dieß beweist eben, daß die Nord-Armee in einer besseren Stellung nicht geschlagen worden wäre, trotz numerischer Überlegenheit und Zündnadel-Gewehr, welch' letzteres überhaupt beim Angriff einen Theil seiner Furchtbarkeit einbüßte. — Dieser unbestreitbare taktische Sieg aber, welcher an der Bistritz durch die gewohnte Ausdauer und Tapferkeit der österr. Bataillone erfochten worden ist, wurde sofort durch die unerwartete Ankunft der zweiten schlesischen Armee im Rücken der Schlachtlinie in eine Niederlage verwandelt, die ihres Gleichen in der Geschichte des österr. Heeres kaum findet. — Wir unterlassen es auch hier, uns in umständliche Berichte, — über einzelne Leistungen der Truppenkörper zu vertiefen, welche auf dieser entscheidenden Stelle zwischen Chlum und Maslowied sich mit Ruhm bedeckt haben, weil sie für den Gang der Ereignisse an diesem denkwürdigen Tage ohne Belang sind, und wir uns damit auch auf ein anderes Feld begeben würden, als wir uns ursprünglich für den Inhalt dieses Schriftchens gewählt haben; von unserem Standpunkte auf der Anhöhe von Chlum, konnten wir wohl gegen Mittag leicht die ganze Schlachtlinie überblicken, aber nicht in die Wechselfälle der verschiedenen Lokal-Gefechte Einsicht nehmen, wir würden uns demnach auf bloße Mittheilungen gleich den officiellen Berichterstattern verlassen müssen, und diese Quellen, man weiß es wohl, verdienen nicht immer Glaubwürdigkeit, sie mögen scheinbar noch so klares Wasser machen. —

Was man in der österr. Armee selbst von den sogenannten Gefechts-Relationen zu halten gewohnt ist, weiß jeder Soldat, und der nicht Soldat, wird sich aus unserer Beschreibung der folgenden Begebenheiten, **ungefähr einen Begriff von der Unrichtigkeit des Telegrammes machen können, mit welchem der Commandant der Nord-Armee die Niederlage derselben motivirte,** — nun wie die Alten sungen, zwitschern auch die Jungen; ein jeder Relationirende sucht in der Regel sich die Hände rein zu waschen, wenn es bei seiner Abtheilung schief ging, und benützt wieder anderseits günstige Chancen, um daraus für sich Kapital zu schlagen; — da nun die officiellen Darstellungen einer Schlacht nur auf solchen Relationen beruhen können, ist es begreiflich, daß man aus ihnen nie recht klug zu werden vermag. —

Unser geneigter Leser wolle sich also mit der ihm gewiß schon durch andere Nachrichten bekannt gewordenen Thatsache gütigst begnügen, daß die österr. **Nord-Armee in der Schlacht bei Königgrätz in der Front den Angriff der preußischen ersten und Elbe-Armee bis ein Uhr abwies, — und ein unerwarteter Rücken-Angriff ihre diesfalls gemachten heroischen Anstrengungen miteinmal zu Nichte machte.** Dieser vormittägige Sieg der österr. Armee verdient um so mehr Bewunderung, weil wie schon erwähnt, den Armee-Corps die Terrain-Verhältnisse des Schlachtfeldes zum Theile unbekannt waren, und die bei der Schilderung der Stimmung der Armee berührten, für die Kriegs=Tüchtig=keit negativ wirkenden Faktoren, durch die Dispositions=Män=gel aller Art wo möglich noch vermehrt worden sind. —

Dieser Übergang vom Sieg zur Niederlage am 3. Juli bildet wohl den interessantesten Abschnitt dieser Feldzugs=Ge=schichte, den wir in dem folgenden Absatz näher beschreiben wollen, es ist dies eben der bis jetzt noch nicht genügend aufgeklärte „**Nebel von Chlum.**"

Als der Feld=Zeug=M. Benedek, welcher bisher mit seiner Suite auf dem Plateau von Chlum das Gesicht dem Süden zugewendet (gegen die Vorrückung der Elbe=Armee, welche ihm für seinen Rückzug am meisten besorgt machte) die brennende Cigarre im Munde gestanden hat, entfernte er sich von dort plötzlich um ungefähr 1 Uhr, und ritt an Rosberitz vorbei, gegen den rechten Flügel der Schlachtlinie, kurz zuvor hatten mehrere preußische Batterien vermuthlich der dritten Division ein lebhaftes Hohlgeschoßfeuer gegen das Plateau zu richten angefangen, es war dies eben das Signal zur Wieder=Aufnahme der Offensive an der Linie der Bistritz, und sichtlich ist von jenem Momente an, die Chlumer Anhöhe das Haupt=Objekt der preußischen Angriffsmanö=ver gewesen. —

Der Feld=Z.=M. hat wohl auf die mittlerweile einge=laufene Meldung vom Anmarsche der zweiten schlesischen Armee, diesen Ritt begonnen, und es ist wohl kein Zweifel mehr darüber möglich, daß er von dem Augenblick an, als er über die Richtigkeit dieser Nachricht die Gewißheit hatte, die Schlacht für verloren hielt, und nur deßhalb gegen den, durch diese Eventualität bedrohten rechten Flügel ritt, um für dessen Sicherheit das Nöthige persönlich zu veranlassen, da er wußte, daß er in der Luft stand. — Die bald darauf eingetretenen Ereignisse haben es jedoch ostensibel gemacht, daß der Feld-Z.-M. Benedek in dieser Sorge für seinen rechten Flügel, auf die Sicherheit seines Gros der Armee vergaß, welches bisher mit altösterreichischer Zähigkeit dem preußischen Hauptheer an der Bistritz so erfolgreich die Zähne gewiesen hatte. Er ritt fort und ordnete die Verbarrikadirung des Dorfes Chlum auf der Ostseite desselben an, welches dort bis auf 100 Schritte von einem Walde umgeben war, in welchem sich seit 10 Uhr Morgens das erste und vierte Jäger-Bataillon mit den Preußen herumschossen. —

Dieser Umstand eben machte die nachhaltige Vertheidigung jenes Dorfes nach den Regeln der Taktik ganz unzulässig, weil er es dem Gegner ermöglichte, seine Angriffs-Colonnen gegen das Feuer des Vertheidigers gedeckt an das zu nehmende Objekt vorrücken zu lassen, daher dieser Wald entweder zu rasiren, oder bis aufs äußerste zu halten gewesen wäre. — Der an der Nordwestseite Chlums gelegene Dorf-Eingang war schon Tags zuvor durch eine Flèche gedeckt, und an der nördlichen Umfassung desselben gedeckte Geschützstände errichtet worden, — warum also wurden gleiche Vorkehrungen nicht auch an der südöstlichen Dorf-Umfassung, welche unstreitig durch den vor ihr gelegenen Wald die schwächste war getroffen, ein in der Eile hergerichter Verhau konnte diese doch nicht haltbarer machen!

Die bei Chlum am Tage vor der Schlacht bewerkstelligten obschon höchst unvollkommenen Befestigungs-Arbeiten, welche bei anderen in der ersten Treffenlinie gelegenen Ortschaften nicht ausgeführt wurden, beweisen eben, daß man im österreichischen Hauptquartier die Wichtigkeit jener Position für den Ausgang der Schlacht erkannt hatte, warum nun gab der Chef der Nord-Armee, bevor er dieselbe verließ, nicht eine strikte Ordre zur hartnäckigsten Vertheidigung derselben, u. z. speciell an das dritte Armee-Corps-Commando? da sich eine seiner Brigaden dort selbst im Gefecht befand, — (Appiano) — während eine zweite (Benedek) bei dem obenerwähnten Gehölze an der südlichen Umfassung Chlum's und den westlichen Abhängen des Plateaus Stellung genommen hatte.

Um diese Zeit (ein Uhr) als die preußische Artillerie zu beiden Seiten der Chaussee von Sadowa-Königgrätz ein lebhaftes Hohlgeschoßfeuer gegen das Plateau von Chlum zu richten begann, war es, wo die Truppen des zweiten preußischen Armee-Corps, namentlich die Division Fransekÿ von Benatek her, erneuerte Anstrengungen machte, um sich des Swipp-Waldes zu bemächtigen, was ihnen dießmal auch gegen die erschöpften und decimirten österreichischen Brigaden des vierten Armee-Corps gelang, denn schon war es auf der österreichischen Schlachtlinie kein Geheimniß mehr, daß die Armee des Kronprinzen in den Rücken derselben vorbringe;

die Batterien der ersten Garde=Division bei Horenowes hatten eben so den Muth der preußischen Regimenter von der Division Fransetÿ gehoben, als sie den der Österreicher, welche sich in Flanke und Rücken genommen sahen, herabstimmten. Besonders mußten die Brigaden Tom und Würtemberg des zweiten Armee=Corps, durch jenes unerwartete Ereigniß überrascht aus der Contenance gerathen, weil sie speciell das Angriffs=Objekt des gegen ihre rechte Flanke vorbringenden Garde=Corps bildeten. — Indem diese zwei Brigaden also unvermeidlich gegen Sendraschitz repliiren mußten, um aus einem verheerenden Kreuzfeuer zu kommen, wichen zu gleicher Zeit auch die Truppen des vierten Armee=Corps aus dem Swipp=Walde und zwar zum Theil auf Maslowied und anderseits auf Chlum und Cistowes zurück; das anhaltende Wald=Gefecht hatte, wie es bei dergleichen Gelegenheit vorkommt, ihre taktische Ordnung gelockert, und erst während des Rückzuges sammelten sich die Bataillone auf dem östlichen Abhange jenes zwischen Chlum und Maslowied gelegenen Höhenrückens, welchen wir in unserer Terrainbeschreibung näher geschildert haben. —

Alle diese plötzlich eingetretenen verhängnißvollen Ereignisse brachten der Position der Nord-Armee an der Bistritz die größten Gefahren, die Krisis der Schlacht war hereingebrochen, — nun galt es Thatkraft und Geistesgegenwart zu zeigen, **die eingetretenen Verhältnisse appellirten an die Energie und das Talent des Höchstcommandirenden**, denn nur er konnte dem Ruin der Armee vorbeugen; der Moment zur Verwendung der Reserven war gekommen, fünfzig Tausend Bajonette, zehn Tausend Säbel und Picken mit Hundert achtundzwanzig Feuerschlünden warteten auf seinen Wink um in die Schlacht einzugreifen, — aber vergebens, der Chef der Nord-Armee verließ seinen Standort, um auf den äußersten rechten Flügel zu reiten, was ungefähr 2½ Stunden in Anspruch nahm, diese Zeit war genügend, die Niederlage der Nord-Armee gehörig heranreifen zu lassen, und als er wieder gegen Chlum zurückkehren wollte, war sie auch schon entschieden. —

Der Feldzeugmeister Benedek, welcher so lange er auf seinem Standpunkt verblieben, von allen Vorfallenheiten während der Schlacht unterrichtet sein mußte, hatte nach der erhaltenen Meldung von der Anrückung der Armee des Kronprinzen in den Rücken der Schlachtlinie keine andere Wahl mehr, als das Schlachtfeld um jeden Preis bis zur anbrechenden Dunkelheit zu behaupten, um dann unter dem Schleier der Nacht einen vom feindlichen Feuer weniger belästigten Rückzug auf das linke Elbeufer ausführen zu können, und zugleich dadurch auch die nöthige Zeit zu gewinnen, die zahlreichen Verwundeten und den großen Armeetrain, welcher die Hauptrückzugslinie nach Pardubitz verrammelt hatte, zu retten; dazu war aber vor allem andern die Behauptung der Stellung am Plateau von Chlum nothwendig, weil sonst die Schlachtlinie nicht nur überflügelt und im Rücken bedroht, sondern auch noch durchbrochen und gegen beide Flügel hin aufgerollt werden mußte; um dieser traurigen Eventualität vorzubeugen, war es nunmehr unbedingt nothwendig geworden, das am Fuße jenes Plateau's in Reserve gehaltene sechste Armeecorps auf dasselbe hinaufrücken und in der Linie Chlum-Maslowied auf dem, das ganze Schlachtfeld in der Front und im Rücken beherrschenden Höhenzug, Position nehmen zu lassen, wodurch das vierte Armeecorps während seines Rückzuges aufgenommen, und als zweites Treffen wieder in dieser Linie formirt werden konnte; ferner mußte das zweite Armeecorps die Weisung erhalten, bei Nebelischt stehen zu bleiben und dasselbe bis auf das Aeußerste zu halten, die geringen Verluste, welche dieses Corps bisher erlitten hat, berechtigten zu dieser Forderung. Eine der drei schweren Cavallerie-Divisionen war in die durch den Rückzug des zweiten Corps entstandene Lücke zwischen Maslowied und Nebelischt zu werfen, und die Armee-Geschützreserve am Plateau von Chlum zu belassen, um nöthigenfalls an der Nordseite jenes Dorfes aufzufahren, und die aus dem Swipp-Walde und von Maslowied her gegen den Schlüsselpunkt des Schlachtfeldes vordringenden feindlichen Massen niederzuschmettern; es blieben dann dem Feldzeugmeister Benedek noch immer das erste Armeecorps und zwei schwere Cavallerie-Divisionen als intakte Reserve zur Hand, welche er nebst einem Theil der Armee-Geschützreserve ebenso dazu verwenden konnte, bei einer glücklichen Gestaltung des Kampfes damit den Ausschlag zum Siege zu geben, als bei einer unglücklichen den

Rückzug, durch eine offensive Action den Uebergang der Armee über die Elbe zu erleichtern, resp. zu decken. —

Was geschah aber statt dieser dringenden Maßregeln für die Behauptung innegehabter Position, die den Preußen zu forciren durch neun Stunden nicht gelang, — nnn, sie wurde ihnen eben in folgender Art auf sehr gemüthliche Weise überliefert, und damit das Schicksal des Tages entschieden.

Rückzug der Nord-Armee.

Dieselbe Rath- und Thatlosigkeit, welche im Hauptquartier der Nord-Armee in den Tagen des 28., 29. und 30. Juni an der obern Elbe jede strategische Initiative perhorrescirte, und den Rückzug nach Königgrätz ausbrütete, hat auch am 3. Juli jede taktische Action lahm gelegt, und statt allen andern energischen Maßregeln zur Behauptung des Kampfplatzes den Rückzug auf das linke Elbeufer als das einzige Auskunftsmittel gefunden, um einer üblen Situation, für welche man sich nicht vorgesehen hatte, zu entkommen.

Sonach wurde das zweite Armeecorps, welches durch eine oder zwei Reserve-Caballerie-Divisionen und einen Theil der Armee-Geschützreserve verstärkt, wohl noch bis Abends die Colonnen der zweiten schlesischen Armee aufhalten konnten, gegen 1¼ Uhr Nachmittags angewiesen, langsam zurückzuweichen, die Elbe südlich von Lochenitz (bei Předměřitz und Placka) zu überschreiten. — Diese Rückzugsbewegung wurde sofort angetreten, und die Linie Maslowieb und Nebelischt allmälig von Truppen, und somit auch der Rücken des auf dem Höhenrücken Chlum=Maslowieb — dem Schlüsselpunkt der österreichischen Position — fechtenden dritten und vierten Armeecorps, dem Feuer der über Hořeňowes und Ratschitz vorrückenden preußischen Batterie bloßgelegt. — Um 2 Uhr Nachmittags begann bereits der Uebergang des österreichischen zweiten Armeecorps über die Elbe, um drei Uhr war Nebelischt (bisher der Hauptverbandplatz für die Verwundeten des vierten und zweiten Armeecorps) bereits frei von allen Truppen, und um 3½ Uhr etablirten sich allbort die preußischen Batterien im Rücken der Stellung bei Chlum und der Reserven bei Rosberitz, und ließen ihre Granaten dorthin auf die im Frontalgefechte verbissenen österreichischen Bataillone sausen. —

Das österreichische vierte Armee=Corps, welches im Schwipp=Walde und bei Benatek schon durch fünf Stunden im hartnäckigsten Kampf verwickelt war, und die größten Verluste erlitt, geräth durch das rasche Zurückweichen des zweiten Armee=Corps in eine bedenkliche Lage, — in der Front die preußische siebente Division (Fransety), auf der rechten Flanke die erste Garde=Division, und im Rücken die preußische eilfte Division (Zastrow) steht es in einem dreifachen Kreuzfeuer, seine zwei Corps=Commandanten und sein ganzer Stab sind theils todt, theils verwundet, die Bataillone zum größten Theile durch das Zündnadelgewehr auf die Hälfte reducirt, und ungeachtet dessen folgt es dem Rückzuge des zweiten Armee=Corps noch in guter taktischer Ordnung, bis an die

Elbe (bei Placka) mit dem größern Theile seiner Truppen nach, — einige Bataillone dieses Corps hingegen, sammeln sich östlich von Chlum, und erwarten dort desorientirt, — eine weitere Bestimmung ab. Während dem solcher Gestalt der rechte Flügel und ein Theil des Centrums das Schlachtfeld räumt und der Elbe zueilt, setzen die Truppen des dritten Armee-Corps im Centrum b.i Lippa und Chlum, und die Sachsen mit dem achten Corps bei Problus und Przim, unbekümmert, um diese ihnen nicht bekannten Vorfallenheiten den Kampf, auf der Linie von Chlum bis Neu-Przim hartnäckig fort, und die dritte Reserve-Cavalleriedivision, attaquirte die preußische Front von Langenhof mit Erfolg. — Obschon die preußischen Regimenter des dritten Armee-Corps von der Ankunft des Kronprinzen mit seiner Armee am Schlachtfelde in Kenntniß waren, machten sie gleichwol mit ihren Frontal-Angriffen an der Linie der Bistritz keine Fortschritte, erst die Wegnahme des Plateaus von Chlum führte sie zu größeren Erfolgen, und diese konnte nach der Sachlage nicht mehr lange auf sich warten lassen.

Von der Anhöhe von Chlum aus ist das Anrücken der zweiten schlesischen Armee, von Norden her, leicht wahrzunehmen, hingegen nicht so von den Standorten der Reserven bei Rosberitz, welches Dorf in der Tiefe am Fuß dieser Höhe liegt. Diese bleiben daher regungslos stehen, um die höhern Befehle zu erwarten, der Höchstcommandirende hat sich ihre Verwendung ausdrücklichst vorbehalten. Nicht so macht es die Armee-Geschütz-Reserve, welche bisher am Plateau von Chlum concentrirt war, sie verläßt dasselbe im wichtigsten Moment, (auf Befehl) um theils hinter den Reserven, in der Ebene eine neue Aufstellung zu nehmen, und anderseits am linken Flügel eine einseitige Verwendung zu finden.

Die Brigade Appiano des dritten Armee=Corps zieht ihre Truppen um eben diese Zeit, 1½ Uhr, aus dem zwischen Lippa und Chlum gelegenen, schon oben erwähnten Gehölze zurück, welches eine bequeme Stiege abgibt, um von Lippa auf das Plateau zu gelangen, die Preußen benützen sie sofort, und setzen sich darin vorläufig fest, da sie bereits auch im Besitz von Lippa gelangt sind.

Das Plateau selbst ist um 2½ Uhr Nachmittag von österreichischen Truppen entblöst, durch die Besetzung des eben erwähnten Gehölzes, ist bereits um diese Zeit den, — den nördlichen Eingang von Chlum vertheidigenden Batterien, und der Besatzung des Dorfes, der Rückzug verlegt. — Die erste Garde=Division hatte sich schon um 2 Uhr in den Besitz von Maslowied gebracht, welches ebenfalls nur von einem Bataillon der Brigade Safran, ohne Nachdruck vertheidigt worden ist, und somit ist der Weg nach Chlum möglichst geebnet. Die zweite Garde=Division rückte durch den Swipp=Wald über Cistowes ebenfalls dahin vor.

Der geneigte Leser wird sich noch aus unserer Terrain= beschreibung erinnern, welche Wichtigkeit der Swipp=Wald für die Behauptung der Position von Chlum hat, dies mögen die Preußen besser als die Oesterreicher begriffen haben, weßhalb den beiden Garde=Divisionen von der Anhöhe bei Zizelowes, also auf die Entfernung einer Wegstunde, 2 nebeneinander= stehende hohe Bäume, am nordöstlichen Rande desselben, als

Marschdirektions-Objekt bezeichnet wurde, welch' letzteres sie auch ungeachtet des Nebels gut einhielten.

— Waren nun mehr diese 2 Haupt-Objekte der Swipp-Wald und Maslowied den preußischen Garden ohne sonderliche Anstrengungen in die Hände gefallen, so mußte die Eroberung des Schlüsselpunktes für sie nur mehr eine Spielerei werden. — Da die Schlacht für die Oesterreicher schon mit dem ersten Schritt verloren war, welchen das zweite Armee-Corps gegen die Elbe machte, kam es nur mehr darauf an, denselben eine vollständige Niederlage beizubringen, und darum concentrirten sich die Angriffsbewegungen aller Colonnen des Garde- ersten und sechsten Armee-Corps auf Chlum, dieß macht allerdings der preußischen Truppenführung viel Ehre, wenn es auch hinsichtlich der Streit-Kräfte, welche diesen Schlüsselpunkt vertheidigten, eine so übereinstimmende Zusammenwirkung der Massen als überflüssig erschien; — das konnte man aber preußischer Seits nicht ahnen, und wollte sicher gehen.

Das ungarische Regiment Sachsen-Meiningen der Brigabe Appiano, ward nebst 2 Batterien allein berufen, der kolossalen feindlichen Uebermacht die Chlumer Anhöhe streitig zu machen; es besetzte dasselbe, mit einem Bataillon, das südwestlich des Ortes angrenzende Terrain, während 2 Bataillone das Dorf selbst an der nördlichen und östlichen Umfassung zu vertheidigen hatten, die südliche Seite des Dorfes war, obschon dieselbe wie wir es oben erwähnt haben, um ungefähr 1 Uhr Nachmittag ebenfalls zur Vertheidigung hergerichtet wurde, unbesetzt geblieben, sie bildete den Rücken der

Vertheidigungsfront der Besatzungstruppen, und ihr zunächst lag eben das Gehölz, welchem wir oben für die Behauptung des Dorfes eine solche Bedeutung vindicirten, und welches um 2½ Uhr schon von preußischen Truppen occupirt war. Eine achtpfündige Batterie stand am nördlichen Dorfeingang, und eine vierpfündige war im entscheidenden Moment an der Ostseite des Dorfes, näher dem Ausgange derselben aufgefahren, und enfilirte die Vertheidigungslinie. — Während nun die erste Garde-Division, unterstützt durch die Artillerie der eilften Division (Zastrow) gegen die Nord- und Ostseite Chlums vorging, brach die zweite Garde-Division, unterstützt durch die Avantgarde-Brigade des ersten Armee-Corps durch den oben erwähnten, zwischen Lippa und Chlum gelegenen Wald und einen sehr tief eingeschnittenen Hohlweg, welcher gegen die Südseite des Dorfes führt, also in den Rücken der Vertheidiger vor; das letztere, schon früher durch das vierfache Kreuzfeuer einer überlegenen Artillerie beschossen, und an mehreren Stellen angezündet, war sogestaltig in der Front, Flanke und im Rücken mit überlegener Macht angegriffen, natürlich schnell genommen; seine schwache Besatzung nach einem vergeblichen, obgleich muthigen Widerstand sammt den zwei Batterien gefangen, nur ein kleiner Theil jenes Regiments konnte an der Südseite des Ortes entkommen. Während sich dies alles, — wie begreiflich nicht ohne Geräusch, am Plateau von Chlum, etwa acht hundert bis tausend Schritte von dem Standorte der Reserven, um ungefähr drei ein halb Uhr Nachmittag zutrug, zieht sich der Feuerkreis der Batterien des sechsten preuß. Armee-Corps und der ersten Garde-Division, immer enger um dieselben zusammen, und die eilfte preuß. Division (Zastrow) besetzt mittlerweile Nebelischt um vier Uhr; ebenso bemächtigt sich die zwölfte preußische Division (Prondzynsky) des Dorfes Lochenitz an der Chaussee von Josefstadt, und nun sind die zwei Haupt=Communicationen, welche von Norden her in den Rücken der Stellung der österr. Armee führen, sammt den taktischen Schlüsselpunkten in Feindeshand; die dritte Hauptstrasse, nämlich die Chaussee von Sadowa hingegen, wird noch zu halten versucht, und zwar deshalb, weil ein Theil des dritten Armee=Corps an dieser Strasse selbst, sowie das königl. sächsische und achte Armee=Corps noch bei Problus und Przim im Feuer steht, dann der große Armee=Train die Hauptrückzugslinie bei Königgrätz verrammelt hat; — man schlägt sich also dort österreichischer Seits auch nurmehr des Rückzuges wegen, und unter viel ungünstigeren Verhältnissen, als man dieß zwei Stunden früher gethan haben würde, bevor noch das Plateau von Chlum in Feindeshand war. — Die erste Garde=Division entwickelte sich sofort nach der Eroberung des letzteren Dorfes alldort, und ihre Artillerie donnerte bald hierauf, den, in einer tiefen, — von der Chlumer Anhöhe halbkreisförmig umschlossenen Mulde, ihrer endlichen Bestimmunge noch immer harrenden zwei Reserve=Corps auf die Köpfe. — Der Chef des sechsten Armee=Corps erkennt die Gefahr, welche eine noch längere Unthätigkeit der Reserve, für den Rückzug der Armee nach sich ziehen muß, und will noch, bevor die Preußen genügende Kräfte am Plateau zur Entwicklung bringen können, auf dasselbe hinaufrücken. — Als er sich eben zu dieser Bewegung anschickt, eilt ein Adjutant des Armee-Commandanten herbei, und untersagt im Namen seines Herrn, eine jede eigenmächtige Verfügung über die Armee-Reserve-Truppen, deren Verwendung sich der Feldherr selbst vorbehalten habe. — Also unterblieb die Ausführung dieses jedenfalls löblichen Entschlußes, welche vielleicht noch den links der Chauffee von Sadowa kämpfenden Corps, für den Rückzug Luft machen, und die preußische Verfolgung zum Stehen bringen konnte; so aber mußten diese letzteren in der Flanke und im Rücken gefaßt, unter dem verheerenden Feuer der, am Plateau aufgefahrenen immer zahlreicher werdenden preußischen Artillerie, zurückweichen. — Daß der Feld-Marschall Br. Raming, ungeachtet seiner bessern Einsicht, sich von dem Adjutanten des Armee-Commandanten contremandiren ließ, ist bei den eigenthümlichen Disciplinar-Verhältnissen, welche die endlosen Verordnungen und die wiederholten Hinweisungen desselben auf Kriegsgerichtliche Proceduren und grandprofoßliche außerordentliche Befugnisse, ganz begreiflich, — man that eben am Besten, sich bei solchen Umständen, marionettenartig schieben zu lassen, um einer jeden Verantwortung, gegenüber so strengem Regiment, auszuweichen. Die Maßregelung des Genralen der Cavallerie Grf. Clam-Gallas, weil er zuerst durch unklare Befehle confus gemacht, und dann von einer vierfachen Übermacht geschlagen worden ist, — mußte jede selbstständige Handlungsweise der Corps-Commandanten perhorresciren, — ganz das Gegentheil von den preuß. Verhältnissen, wo ein jeder Divisionär, den Zweck: die Besiegung des Gegners vor Augen, in der Anwendung der Mittel freie Hand behielt, daher auch die immerwährende Zusammenwirkung der einzelnen Colonnen auf entscheidender Stelle.

Bald nach dieser Scene, so sich mit dem Adjutanten aus dem Hauptquartier, und dem Chef des sechsten Armee-Corps zugetragen, erscheint der Commandant der Nord-Armee, nachdem er endlich von seinem Ritt gegen den rechten Flügel zurückgekehrt ist, selbst bei Rosberitz, und zwar nachdem er sich von dem Stand der Dinge bei Chlum, welcher ihm vermuthlich unglaublich schien, persönlich die Überzeugung verschafft hatte, bei welcher Gelegenheit er von einer preuß. Abtheilung, welche sich schon am Fuße des Plateaus in einem Gehöfte etablirt hatte, eine Decharge empfing. Er befiehlt sofort der Reserve, das Chlumer Plateau wieder zu nehmen; zwei Brigaden des ersten und zwei des sechsten Armee-Corps rücken bald darauf gegen die mittlerweile mit preuß. Truppen und Kanonen wohl versehene Anhöhe vor, am halben Hange angelangt, zwingt sie jedoch das mörderische Schnellfeuer unter enormen Verlusten wieder zur Umkehr, — alles wendet sich nunmehr unter der exorbitanten Wirkung eines beherrschenden Kreuzfeuers zum schleunigen Rückzuge, welchen die noch intakten zwei Brigaden des sechsten Armee-Corps (Rosenzweig und Waldstätter) vergebens zu decken versuchen; — die Niederlage ist nunmehr entschieden!

Zur Charakteristik für die taktische Methode des Feld-Z.-M. Benedek, ist die Thatsache zu erwähnen, daß zu eben der Zeit, als die Armee-Haupt-Reserve mit einem Theil ihrer Truppen bei Chlum in die Schlacht eingreift, die preuß.

eilfte Division (Zastrow) gerade im Begriffe ist, von Nebe=
lischt her, diesen in Flanke und Rücken zu marschieren, um
sogestaltig jeden Erfolg in der Front für selbe illusorisch zu
machen. Unbegreiflich bleibt es immerhin für
jene, welche sich an Ort und Stelle befanden,
daß überhaupt jener Bajonett=Angriff auf die
Position von Chlum noch in so später Stunde
angeordnet werden konnte, da doch bereits schon
um drei ein halb, die im Rücken der Stellung bei
Rosberitz aufgefahrenen preuß. Batterien sich
vernehmen ließen, und ihre Hohlgeschoße über den
Köpfen der Reserven platzten und zum Theil auch
einschlugen. — Die Erklärung hierüber wird der
Feld=Z.=M. Benedek der Nord=Armee wohl schuldig
bleiben müssen. Durch die Vorrückung der preuß. eilften
Division von Nebelischt und der zwölften Division von Lo=
chenitz, gelangten die Preußen nunmehr auch zur Beherrschung
der dritten und wichtigsten Communication am Schlachtfelde:
der Chaussee von Sadowa, und somit hatten die Trup=
pen=Corps der österr. Armee, welche rittlings derselben in
Schlachtordnung standen, auch ihre Rückzugslinie verloren, und
trachteten querfeldein, von der preuß. Cavallerie verfolgt, die
südlich der Festung Königgrätz gelegenen Elbe=Uebergänge zu
erreichen. — Da der Feuer sprühende Halbkreis, mit welchem
die österr. Colonnen bei ihrem Rückzuge gegen Königgrätz
umschlossen waren, allmälig sich immer mehr treibjagdartig
zusammen zog, mußten naturgemäß die Verluste auch immer
größer, und die taktische Ordnung immer lockerer werden, —

die sich endlich ganz in ein Chaos auflöste, als sich die Armee=Corps dieser Festung näherten. — Die Verstellung der Hauptrückzugslinie mit den Fuhrwerken des großen Trains, die Überschwemmung der angrenzenden Gründe, die Unkenntniß der Zugänge zu den hergerichteten Pontonbrücken, die Schließung der Thore der Festung, vor welchen sich der flüchtige Troß staute, dann die Verfolgung der feindlichen Cavallerie, waren zunächst die veranlassenden Ursachen dazu.

Von diesem Rückzuge gegen die Elbe, datiren sich auch die größten Verluste der österr. Nord=Armee, und obschon ein Theil ihrer Artillerie noch denselben, in der aufopferndsten Weise zu schützen trachtete, ward dennoch der Erfolg dieser Bemühung, durch die unvortheilhaften Emplacement's in den Niederungen des Weichbildes von Königgrätz einerseits, und durch das überlegene concentrische und beherrschende Feuer der preuß. Artillerie anderntheils, bedeutend herabgemindert. — Fast den meisten Batterien, welche das Gefecht zur Deckung des Rückzuges der Armee, bis in die Nähe der Festung fortsetzten, war der Weg zur Rückkehr durch die flüchtigen Truppen verlegt, sie fielen nebst vielen andern, welche in den versumpften Gründen längs der Elbe stecken blieben, den Preußen als Siegestrophäen in die Hände, ein Hundert siebzig an der Zahl.

Die Infanterie des vierten, zehnten, achten und sächsischen Armee=Corps benützten größten Theils den Eisenbahndamm, um pêle-mêle nach Parbubitz zu gelangen, — die des sechsten und ersten Corps überschritten theilweise die Brücken von Opatowitz und Bukowina, um auf das linke

Elbe-Ufer zu kommen, oder versuchten es auch durchzuschwimmen, da die Brücken für das Gedränge nicht ausreichten, wobei viel Mannschaft umkam. Die Cavallerie jagte zu beiden Seiten des Eisenbahndammes Pardubitz zu. — Die Fuhrwerke, darunter ein beträchtlicher Theil der Corps-Ambulancen, mit Verwundeten überfüllt, konnten in dem Durcheinander nicht vorwärts kommen, und mußten ebenfalls als Kriegsbeute zurückbleiben, — da darunter sich auch die Bagage-Karren der Officiere befanden, so wie die Materialienwägen der Compagnien und Bataillone, war die Armee auch aller Mittel ledig geworden, ihre durch die fatiganten Märsche herabgekommene Fußbekleidung zu restauriren; — die Kochkessel und die Tornister hatte die Mannschaft schon früher in der Absicht weggeworfen, um für das Gefecht agiler zu werden, — ein Act der Indisciplin, welcher im Momente des Kampfes gewöhnlich ausgeführt, und daher von den Officieren schwer zu verhindern gewesen ist; immerhin aber bleibt dieß ein Beweis, daß das Ansehen des Officiers bei der Mannschaft im starken Sinken begriffen war, weil derlei Ausschreitungen gegen die Zucht und Ordnung, wie sie schon im Jahre 1859 und nunmehr auch in diesem Feldzuge eine so eclatante Kundgebung erfuhren, in der Geschichte des österreichischen Heeres ganz neu ist. — Wir wissen wenigstens aus unserem Garnisonsleben nur zu gut, daß sich eben der F.-Z.-M. Benedek gerade darin gefiel, dieses Ansehen zeitweilig durch frivole Witze u. dgl. m. zu unterwühlen, während er sich dem gemeinen Mann gegenüber als guter „Kamerad" zu geriren pflegte. — Durch diese verschiedenen Abgänge war nunmehr die Armee während ihres Rückzuges nach Olmütz, welcher durch eine Gegend genommen wurde, die man schon beim Vorrücken vollends aussog, genöthigt, sich ihre Nahrungsmittel bei mildthätigen Landsleuten zu suchen, während die Pferde grün fouragiren mußten; dieß, alles trug nur dazu bei, daß der Deroute bis Olmütz fortdauerte, und nicht behoben werden konnte, daher es den Preußen möglich gewesen wäre, die Nord-Armee ohne sonderliche Anstrengungen aufzureiben, wenn sie statt am 6. am 4. früh morgens mit ihrer Cavallerie die Elbe überschritten hätten, um derselben am Fusse nachzufolgen, diese versäumten zwei Tage retteten dieselbe. — Das Hauptquartier des F.-Z.-M. Benedek löste sich nach dem verunglückten Versuch, das Chlumer - Plateau wieder zu nehmen, ebenfalls in seine Factoren auf, der Feldherr bewerkstelligte für seine Person in Begleitung des Feld-Marschall-Lieutenants Koller, eines Generalbasts-Officiers und einer Escadron Uhlanen, als Schutzwache, seinen Uebergang über die Elbe auf der Pontonbrücke bei Bukowina, um ungefähr 6 Uhr Abends, woselbst er einige Zeit ausruhte, um dann im Dunkel der Nacht nach Hohenmauth weiter zu reiten; wir sahen ihn eben nicht sehr niedergeschlagen über das ominöse Unglück, welches seine Armee betroffen, — doch war ihm wahrscheinlich die Zigarre darüber ausgegangen, — er rauchte nicht mehr. —

Wir schließen nunmehr unseren Bericht über die Ereignisse des 3. Juli 1866 bei Königgrätz hiemit ab, das was nunmehr bei beiden gegnerischen Armeen noch vorgeht, gehört zur Feldzugs-Geschichte, und wir wollten, wie der geneigte

Leſer weiß, als ein Soldat der Nord-Armee nur die Schlacht ſo beſchreiben, wie ſie ſich unſerem Blicke darſtellte, um wo möglich „den Nebel" zu zerſtreuen, in welchen ſie für einen großen Theil des Publikums noch gehüllt iſt. — Aus unſerem Berichte wird man auch erſehen, daß an der Linie der Biſtritz der preußiſchen Hauptarmee durchaus keine nummeriſch überlegene öſterreichiſche Streitmacht entgegenſtand, im Gegentheil war ſie noch ſchwächer, als die preußiſche, denn das zweite Armee-Corps, welches im entſcheidenden Augenblick das Schlachtfeld verließ, ſo wie die zwei Infanterie-Corps und zwei ſchweren Cavallerie-Diviſionen der Reſerve, dann die erſte leichte Cavallerie-Diviſion und die Armee-GeſchützReſerve, hatten an dem bis 1 Uhr erfochtenen Siege keinen Antheil gehabt, erſtere kamen erſt um $3\frac{1}{2}$ Uhr zur Verwendung, wo die Terrain-Verhältniſſe ſowohl als die allgemeine Gefechtslage jede Ausſicht auf Erfolg a priori illuſoriſch machen mußten, — dieß zur Richtigſtellung der Rüſtow'ſchen Angaben. — Ein anderer Autor einer vielgeleſenen Brochüre über den Feldzug 1866 in Böhmen, ſpricht von einer verſchanzten Linie Chlum-Nebeliſcht, welche als Aufnahms-Stellung, der von der Biſtritz zurückgedrängten Corps hätte dienen ſollen, aber nicht vertheidigt worden iſt; — man ſieht eben, daß derſelbe vom Königgrätzer Schlachtfelde nicht die geringſte Kenntniß hat, ſonſt würde er das in der Tiefe gelegene Nebeliſcht nicht mit dem Chlumer Plateau in eine verſchanzte Linie bringen wollen, — allerdings lagen gedeckte Geſchützſtände auch vor Nebeliſcht, die aber nicht ausreichend waren, um jener Poſition eine genügende Haltbarkeit zu geben. Wir kommen jetzt nach unseren Schilderungen der Ereignisse jenes Tages wieder darauf zurück, um dem geneigten Leser vor Augen zu führen, wie unerläßlich nothwendig eine möglichst exakte Verschanzung der Dörfer Chlum, Maslowied, Nebelischt und Lochenitz für jene Position der Nord-Armee war, welche alsdann ein ähnliches Geschick nie betroffen haben würde. —

Möge man sich auch in den heterogensten Versionen über die Ursachen dieser Niederlage der österr. Nord-Armee ergehen, und daraus politisches Kapital schlagen, wir haben nur vom milit. Standpunkte darüber zu urtheilen, und glauben mit unserm Berichte genügend constatirt zu haben, daß vor allem andern im österr. Hauptquartier Wissenschaft und Thatkraft nicht das Ruder geführt haben, — und dieß war es nur, was wir mit diesem Schriftchen anstrebten.

Die bessere Bewaffnung der Preußen, ihre nummerische Ueberlegenheit und die Intelligenz der Massen, konnte eben zu den errungenen Erfolgen das ihrige beitragen, wie das gesunkene Vertrauen zur höhern Führung und die eigenthümlichen Disciplinar-Verhältnisse bei der Nord-Armee, zu ihren Miß-Erfolgen, — aber geschaffen wurden diese nur durch **die allerdings räthselhaft klingenden Vorfälle**, welche wir eben berichtet haben. — Bei der österr. Armee hatte noch überdieß kein Corps-Commandant Kenntniß von den Ereignissen, so sich bei dem nebenstehenden Armee- und Truppen-Corps zutrugen, — zu was auch? ohne Befehl durfte sich ohnedieß kein Mann rühren. — Bei der preußischen Armee hingegen, waren alle Colonnen und Treffen im steten Rapport und das übereinstimmende geschickte Zusammenwirken, auf dem entscheidenden Punkte, erleichterte diesen den Sieg, — was spricht wohl mehr für diese Ansicht, als die im Verhältniß zur Größe desselben, sowol als in Anbetracht der Stärke des Heeres erlittenen unbedeutenden Verluste, — wohingegen die schwächere österr. Armee, ungefähr 4mal mehr an Todten und Verwundeten aufzuweisen hat, und nebstbei 1800 Gefangene auf dem rechten Elbe-Ufer zurücklassen mußte.

Das Zündnadel-Gewehr hat allerdings an den Siegen von Nachod-Skalitz, Bierkersdorf und Gitschin seinen hervorragendsten Antheil gehabt, — aber an dem Siege von Sadowa ist es wahrhaftig unschuldig, man that bei der österr. Heerführung Alles, um diese gefährliche Waffe dießmal überflüssig erscheinen zu lassen, und in dieser Hinsicht mögen die Preußen einmal Recht haben, wenn sie glaubten, auch ohne dieselbe bei Königgrätz mit ihren Gegnern fertig geworden zu sein; man braucht aber nicht immer in die feindlichen Linien Lücken zu schießen, um hineinzudringen, sie öffnen sich oft von selbst, zeitweilig kommt man .hnen von hinten bei, besonders bei starkem „Nebel."

Daß man im Hauptquartier der Nord-Armee keinen ordentlichen Kundschafts- und Patrouillendienst organisirte, die Entscheidungs-Schlacht in einer Flanken-Stellung und noch dazu in einer äußerst mangelhaften Position, — und zwar ungeachtet der warnenden Beispiele der neueren Kriegs-Geschichte, — annahm, daß man dann mit dieser fatalen Stellung die Truppenkräfte in nicht genügender Stärke und nicht nach den Regeln der Taktik zur Verwendung gebracht hat, — im entscheidenden Augenblick die Armee-Geschütz-Reserve von dem Schlüsselpunkt des Schlachtfeldes abfahren machte, denselben mit unzureichenden Kräften besetzt hielt, und statt von den Reserven und der Cavallerie alsdann einen entschiedenen Gebrauch zu machen, am rechten Flügel zum Rückzug blasen ließ — „**das war der Nebel von Chlum.**"!!!

Als übrigens im Jahre 1800 die österreichische Armee unter Melas nach der Schlacht von Marengo capitulirte, — ungeachtet sie dieselbe bis Mittag gewonnen hatte, legte man diese Katastrophe besonders der Cavallerie zur Last, welche unter Commando des Feldmarschalls Ott in einem Corps von 20.000 Reitern vereint, in der rechten Flanke der Republikaner während der Schlacht unthätig verblieb, — nur in der Schlacht von Königgrätz hat sie sich mit Ausnahme der dritten schweren Reserve-Division (Coudenhoven), welche auch durch das Zündnadel-Gewehr übel zugerichtet wurde, gerade nicht sehr angestrengt, um wenigstens den Rückzug zu decken, man sieht daraus, daß sich seit 66 Jahren in dieser Hinsicht bei der österr. Armee nichts geändert hat. —